세상에 대하여
우리가
더잘 알아야 할
교양

40

글쓴이 소개

글쓴이 **김종덕**

경남대학교 사회학과 교수며 국제슬로푸드 한국협회 회장으로 활동하고 있습니다. 현대의 먹을거리가 시간과 공간의 맥락을 잃은 정체불명의 먹을거리라는 인식하에 현존하는 세계식량체계와 그 대안인 지역식량체계를 연구하고 있습니다. 패스트푸드가 사회 전반에 끼친 영향을 다룬 '맥도날드화'를 우리나라에 소개한 바 있습니다. 먹을거리의 생산자와 소비자가 음식문맹자에서 음식시민으로 거듭나도록 사회 교육에도 힘쓰고 있습니다.

지은 책으로 《음식문맹자, 음식시민을 만나다》《비만, 왜 사회 문제가 될까?》《먹을거리 위기와 로컬푸드》《슬로푸드 슬로라이프》《농업사회학》《원조의 정치경제학》《어린이 먹을거리 구출 대작전》《음식문맹, 왜 생겨난 걸까?》가 있습니다. 옮긴 책으로 《미래를 여는 소비》《맥도날드 그리고 맥도날드화》가 있고 함께 옮긴 책으로는 《슬로푸드 맛있는 혁명》《로컬푸드》《슬로푸드 느리고 맛있는 음식 이야기》 등이 있습니다.

세 상에 대하여
우리가
더 잘 알아야 할
교양

김종덕 글

40

산업형 농업
식량 문제의 해결책이 될까?

내인생의책

차례

※ 본문의 **굵은 글씨**로 표시된 단어는 121페이지 용어 설명에서 찾아보세요.

요즘 농민들의 표정은 밝지가 않습니다. 농사를 지어 생계를 유지하는 게 점점 더 힘들어지고 있기 때문이지요. 필자가 아는 한 농민은 학비 때문에 아이들이 대학에 가지 않기를 원하고 있습니다. 오죽하면 그런 생각을 했을까요? 도시에서 일자리를 찾는 사람은 많지만 농사를 생업으로 삼고자 하는 사람은 거의 없습니다. 앞으로 10년 뒤, 20년 뒤 우리의 농업은 어떻게 될까요? 그때도 농업과 농민이 남아 있을까요?

우리나라는 단기간에 농업 사회에서 산업 사회가 되었습니다. 농업 사회에서는 경제의 중심이 농업이고 사회의 중심이 농촌이었지만, 산업 사회가 되면서 경제의 중심이 제조업으로 바뀌었고 사회의 중심이 도시가 되었지요. 농업 사회에서 산업 사회로 급격히 전환되면서 농업과 먹을거리와 관련해 많은 문제가 생기고 있습니다.

앞으로 한·중 FTA 등으로 외국의 싼 농산물이 더 유입되고, 농업과 농민에 대한 정부의 관심과 지원도 줄어들면 한국의 농업은 점점 더 어려움을 겪게 될 것입니다. 하지만 이러한 상황에서 몇 가지 희망이 보이고 있어요. 수입 식품에 대한 불신이 커지고 있는 가운데 로컬푸드에 대한 관심이 커지고 생산과 소비가 조금씩 늘어나고 있다는 것이지요. 또한 유기 농업, 도시 농업 등 대안 농업에 관심을 갖는 사람들도 많아지고 있습니다.

도시민들의 농업에 대한 생각도 희망을 갖게 합니다. 농업·농촌에 대한 2013년 국민 의식 조사에 의하면 도시민 중 45퍼센트에게 귀농 또는 귀촌 의사가 있다고 합니다. 앞으로 한국에서 농업의 희망은 도시민이 산업형 농업의 대안으로 제시되는 대안 농업에 관심을 갖고 소농민의 후원자, 공동 생산자가 되는 것에서 찾을 수 있습니다.

이 책에서는 농업의 등장 및 발전 과정과 더불어 산업형 농업이 전 세계에 자리 잡기까지의 과정을 따라가 보았습니다. 그리고 어떻게 산업형 농업이 대세가 되었으며 그로 인해 어떤 문제점이 생겨났는지 자세히 분석했습니다. 또한 산업형 농업의 문제점들을 극복하기 위해 최근 여러 나라에서 시도하고 있는 대안 농업에 대해 알아보고 개인이 실천할 수 있는 방법도 같이 소개했어요. 여러분도 이 책을 읽고 지속가능한 농업을 위해 우리가 실천할 수 있는 방안은 무엇인지 생각해 보았으면 합니다.

2015년 1월 **김종덕**

들어가며 : 농업 없이 먹을거리 없다

국제 슬로푸드협회 회장인 카를로 페트리니(Carlo Petrini)가 '2010 슬로푸드 대회'에 참석차 우리나라에 방문한 적이 있습니다. 그때 페트리니는 한 대학교에서 다음과 같은 연설을 했습니다.

"농민 없는 미래를 생각할 수 있습니까? 불가능합니다. 휴대 전화를 먹고 살 수 있습니까? 불가능합니다. 우리에게는 쌀과 채소와 과일이 필요합니다. 요리에만 관심 있고 농업에 관심이 없는 것은 바보 같은 짓입니다. 농업에 대한 관심 없이 음식에 대해서만 다루는 요리 프로그램은 음식 포르노에 불과합니다. 농업과 음식은 분리해서 생각할 수 없습니다. 농업 없이는 음식도 없습니다.

모든 나라가 자국 고유의 농업을 가져야 합니다. 모든 지역이 지역 농업을 가져야 합니다. 농업을 망각하는 나라는 가난해질 수밖에 없습니다. 다시 한 번 한국의 농업을 새롭게 만듭시다. 우리가 먼저 생각하고 행동에 옮겨야 합니다. 정치는 우리가 시작한 다음에야 뒤따라옵니다."

연설이 끝나자 자리에 모인 학생 200여 명이 모두 열렬히 박수를 쳤습니다. 페트리니는 이들에게 앞으로 농사를 지을 생각이 있는지 물었지요. 그러나 손을 든 사람은 고작 2명뿐이었습니다

농업을 외면하는 사회

경제 개발 이전 우리나라 사람들은 주로 농촌에 살면서 농업에 종사했습니다. 전체 경제에서 농업이 차지하는 비중이 컸으며 식량 자급률도 높았지요. 농촌에는 영농 공동체, 생활 공동체 등이 있어서 농민들은 상부상조하는 삶을 누렸습니다. 농업에 대한 정부나 정치권의 관심도 높은 편이었지요. 하지만 대기업이 주도하는 수출 중심 경제로 산업 구조가 바뀌면서 농가 인구가 크게 줄어들었습니다. 1970년대 초 전체 인구의 50퍼센트에 달하던 농가 인구 비율이 2010년에 접어들면서 7퍼센트로 떨어졌어요. 국내 총생산에서 농림·수산 분야가 차지하는 비율도 1970년의 28.9퍼센트에서 2013년에는 2.1퍼센트까지 떨어졌습니다. 농촌의 인구가 감소하고 경제에서 농업이 차지하는 비중이 줄어들면서 농업에 대한 정부나 정치권의 관심도 저절로 멀어졌지요.

불안한 먹을거리

세계무역기구(WTO, World Trade Organization) 가입, 한·칠레 FTA, 한·미 FTA, 한·유럽 FTA 등을 거치면서 우리나라 식량 자급률은 곤두박질쳤고, 농·축·수산물의 수입은 빠르게 늘었습니다. 식탁에서도 외국산 식품과 식재료의 비율이 점점 높아지고 있지요. 심지어 유전자 조작 농산물(GMO, Genetically Modified Organism)의 수입이 허가되면서 현재 우리나라의 유전자 조작 농산물의 연간 수입량은 2013년 기준 1인당 180킬로그램이나 됩니다. 먹을거리의 안전성에 대한 국민들의 불안과 불신이 커지고 있는 상황이지요.

전 세계 곳곳에서 몬산토 등의 다국적 농기업에 의해 주도되는 유전자 조작 작물의 유통을 반대하는 시위가 벌어지고 있다.

커지는 농민들의 고통

농촌에 남아 있는 농민들도 매우 어려운 삶을 이어 가고 있습니다. 농가 소득은 정체 상태를 벗어나지 못하면서 부채만 빠른 속도로 늘어나고 있지요. 농업·농촌에 대한 2013년 국민 의식 조사에 의하면 농민의 64.7퍼센트가 한국 농업의 발전 가능성을 낮게 보고 있어요. 그중에서도 10년 뒤 한국 농업에 희망이 있다고 생각하는 농민은 18.3퍼센트밖에 되지 않습니다. 농사에 만족한다고 응답한 농민도 3분의 1에 불과하고요.

우리가 살아가는 데 먹을거리는 필수입니다. 절대적인 위치를 차지하고 있다고 봐야겠지요. 농업 없이는 먹을거리도 없을 거예요. 그런데 우리가 농업을 외면하는 사이 농업은 급격히 망가지고 있습니다. 앞으로 우리는 어디에서 우리의 먹을거리를 찾아야 할까요?

농업은 어떻게 생겨나고
발전했을까요?

CHAPTER 1

인류는 수없는 시행착오를 거쳐 더 튼튼한 종자를 개발하는 데 성공했습니다. 더 나은
농기구와 농사 기술도 발명했지요. 그 결과 모두가 먹고도 남을 만큼 농산물을 생산할
수 있게 되었습니다. 이를 잉여 생산물이라고 불렀습니다. 덕분에 농사를 짓지 않고도
다른 일을 해서 먹고 사는 사람들이 등장할 수 있게 되었지요.

현대인은 농업을 통해 식량을 얻습니다. 인류가 발전시켜 온 농사 기술은 더 많은 먹을

거리를 확보할 수 있게 도와주었지요. 그렇다면 농업이 생겨나기 이전의 옛날 사람들은 어떻게 먹을거리를 얻었을까요? 원시 시대의 인류는 주로 수렵과 채집을 통해 먹을거리를 확보했습니다. 하지만 수렵이나 채집은 먹을거리를 직접 생산하는 활동이 아니었어요. 그래서 식량을 안정적으로 조달할 수가 없었습니다. 사냥감을 놓치거나 나무 열매를 발견하지 못하면 그날은 쫄쫄 굶어야 했지요. 하지만 수렵과 채집 외에 다른 대안을 생각해 내기가 쉽지 않았지요. 그래서 인류는 매우 오랜 기간 수렵과 채집에 의존할 수밖에 없었습니다. 그러다 보니 사람들이 굶주리거나 굶어 죽는 일이 빈번하게 일어났지요.

농업의 등장

학자들은 지금으로부터 약 1만 년 전에 농사가 시작되었다고 추정합니다. 종자를 구해서 마을 근처 공터에 심어 수확하는 방식이었지요. 가사와 양육을 책임지던 여성들이 도맡아서 농사를 지었어요. 당시에는 종

불안정한 수렵 · 채집 생활에 의존하던 인류는 농업이 시작되면서부터 식량을 안정적으로
확보할 수 있게 되었고, 이는 문명의 형성과 경제 발전을 가져왔다.

자도 다양하지 않았고 수확량도 보잘것없었습니다. 게다가 농사가 잘 될
때와 안 될 때의 수확량이 크게 차이 났기 때문에 식량을 안정적으로 확
보할 수 없었지요. 그래서 농업이 막 등장했던 초기에는 수렵 · 채집을
통해 식량을 조달하는 일과 농사를 지어 식량을 확보하는 일들이 모두
중요했습니다. 두 가지 삶의 방식이 서로 경쟁 관계에 놓여 있었다고 볼
수 있지요.

　하지만 시간이 흐르면서 수렵과 채집을 중심으로 식량을 조달하던 사
회가 농업을 중심으로 식량을 생산하는 사회로 바뀌게 됩니다. 농업 기
술의 발달로 농업의 경쟁력이 더 높아졌기 때문이에요. 우선 사람들이

아래의 표는 수렵·채집 사회와 농경 사회의 차이를 보여 준다.

구분	수렵·채집 사회	농경 사회
자녀 간 나이 차이	4년	2년
식량 생산성	낮다	높다
잉여 식량	저장 불가	저장, 더 많은 식량
전문가 집단	거의 없음	매우 발전됨
사회의 성격	평등 사회	계급 사회
인구	인구 밀도가 낮음	인구 밀도가 높음
사회	유목 사회	정착 사회 제국, 문자, 쇠 무기 발전

출처 : 《총, 균, 쇠》, 제레미 다이아몬드, 2005년

야생 식물을 농사짓기 쉽게 길들여 작물화했기 때문에 굳이 채집을 할 필요가 없어졌지요. 또한 농사 기술이 발전해 작물의 수확량도 더 많아졌고요.

인류는 수많은 시행착오를 거치면서 농사짓기에 알맞은 작물과 종자를 찾아냈습니다. 거기에다 종자에 맞는 영농 기술이 적용되면서 점차 생산량이 안정적으로 늘어났지요. 생산량이 늘어나고, 농사 기술이 발전하다 보니 인류는 점차 수확량을 예측할 수 있게 되었습니다. 이렇게 되기 까지는 매우 오랜 시간이 걸렸어요. 인간이 농사를 짓기 시작하여 2천여 년이 지난 뒤에 가능해졌거든요.

농업의 발달과 더불어 야생 동물의 가축화도 진행되었습니다. 인류는 비교적 온순한 동물인 소와 돼지, 말, 닭, 염소 등을 가축화했지요. 특히 소는 농사일을 거들 수 있었고, 돼지, 닭 등과 마찬가지로 식용으로 이용

할 수 있었고, 분뇨는 거름으로 활용되었습니다. 그래서 농경 사회에서 매우 중요한 자리를 차지한 가축이었지요. 농사를 짓고 남은 곡물 껍질이나 마른 잎사귀는 가축의 사료로 이용했습니다. 이렇게 농업과 축산은 자연스럽게 공존할 수 있었지요.

농업의 발전

농업의 등장은 인류 역사에서 가장 큰 사건이었습니다. 앞서 살펴보았듯이, 농업의 발달로 먹을거리를 안정적으로 확보할 수 있게 되었으니까요. 인류는 수없는 시행착오를 거쳐 더 튼튼한 종자를 개발하고, 더 나은 농기구와 농사 기술도 발명했지요. 그 결과 모두가 먹고도 남을 만큼 농산물을 생산할 수 있게 되었습니다. 이를 '잉여 생산물'이라고 불러요. 잉여 농산물로 인해 농사를 짓지 않고도 다른 일을 해서 먹고 사는 사람들이 등장할 수 있게 되었지요.

잉여 생산물이 등장하기 전에는 모든 사람들이 공동으로 먹을거리를 생산하고 소비했습니다. 사람들은 먹을거리를 함께 생산하고 공평하게 나누는 데에만 급급했지요. 그런데 농업의 발전으로 인해 변화가 일어났습니다. 먹을거리가 남아돌게 되면서 남보다 더 많은 식량을 쌓아 두려는 사람들이 생겨났지요. 이른바 '사유 재산'이라는 개념이 등장한 거예요. 이때부터 농산물을 공동으로 생산하고 소비하는 문화는 점점 사라졌습니다. 그 대신 힘 있는 가장이 집안의 재산을 관리하는 가부장제적 가족 형태가 등장했어요. 가장은 재산을 소유하고 가족 전체에 권력을 행사했지요. 이때 생겨난 가족은 대가족이었고, 노예는 가족이 아니라 재

농업 초기에는 인류가 먹을 양만큼만 생산이 가능했지만 점차 기술이 발전하고 생산량이 늘어나면서 먹고 남은 곡식을 저장할 수 있게 되었다.

산에 포함되었습니다. 가족은 곧 노동력을 의미했기 때문에 가장들은 가족의 수를 늘리기 위해 노력했어요.

세력이 커진 대가족은 땅이나 가축과 같은 생산 수단을 독점했습니다. 그리고 독점한 생산 수단을 통해 권력을 행사하기 시작했지요. 이들을 우리는 '유산 계급'이라 부릅니다. 유산 계급은 생산 수단을 가지지 않은 사람들인 '무산 계급'을 지배했어요. 그 결과 유산 계급은 더 잘살게 되었고 무산 계급은 더 가난해졌지요. 무소불위의 권력을 휘두르게 된 유산 계급은 마침내 국가를 세워 더 많은 사람들을 지배하게 됩니다. 그렇게 생겨난 국가가 지금까지 이어져 내려오는 것이지요. 이처럼 사유 재산과 계급, 국가와 같은 사회 제도들은 모두 농업과 밀접한 관련이 있답니다.

농업에 의한 사회 변화

농업은 문명의 발전을 낳았습니다. 문명의 발상지는 대개 농업이 발전한 곳이었어요. 농업의 발달로 생겨난 잉여 생산물이 문명의 발전을 가능케 했지요. 농업은 도시의 발전에도 기여했어요. 잉여 생산물이 생겨나면서 모든 사람들이 농사를 지을 필요가 없어지자 농촌을 떠나 도시로 가는 사람들이 생겨났지요. 시간이 흐를수록 사람들은 점점 더 도시로 몰려들었고, 농업 이외의 다양한 일을 하는 사람들이 도시에 넘쳐났습니다.

하지만 처음부터 도시에 사람들이 많았던 것은 아닙니다. 도시가 생긴 초기까지만 하더라도 도시의 인구는 일정 수준 이상 늘어날 수 없었어요. 도시에 사는 사람들에게 필요한 식량을 운반할 교통수단이 없었기

농업의 급속한 발전으로 인해 부가 창출되고 잉여 노동력이 확보되었다. 농업의 발전은 곧 산업 혁명의 원동력이 되었다.

때문이에요. 도시 주변에서 생산되는 식량으로는 도시의 인구 전체가 먹기에는 역부족이었거든요.

하지만 식량을 운반할 교통수단이 발전하고, 도시 인근의 농업이 상업화되면서 도시의 인구는 크게 늘어났습니다. 농촌에 사는 농민들은 도시 지역의 사람들에게 농산물을 공급하고 그 대가로 돈을 받았지요. 농민들은 그 돈으로 도시에서 생산된 공산품을 샀습니다. 도시 사람들은 농촌에서 생산된 농산물을 사고팔기 위해 도시에 시장을 만들었습니다. 시장이 발생하면서 도시가 더욱 발전했지요. 이처럼 도시와 농촌은 서로 도우며 공존하고 있어요. 농촌의 도움이 없다면 도시는 유지될 수 없습니다. 도시를 유지하는 데 꼭 필요한 식량이 농촌에서 들어오기 때문이지요.

농업 사회에서 산업 사회로

예전에는 농업이 사회 경제의 중심을 차지한 농업 사회였습니다. 농업 사회는 자연에 기초를 두었지요. 자연의 시간과 리듬에 맞추어 먹을거리를 생산했습니다. 사람들은 자연을 아끼고 사랑하는 마음으로 살았고요. 먹을거리를 가공할 때도 자연의 원리에 의해 가공했지요. 대표적인 예로 발효를 들 수 있습니다. 음식을 만들면서 서두른 적이 없었고 음식을 먹을 때 속도가 문제되지도 않았습니다. 일부 계층을 제외하면 필요한 양만큼만 먹었고 음식을 낭비하는 일도 거의 없었지요. 또한 부의 대부분이 농업에서 나왔기 때문에 도시가 아닌 농촌이 나라의 중심이었습니다. 사람들 또한 농촌에서 공동체를 이루고 어울려 살았지요.

그런데 서유럽에서 큰 사회적 변화가 일어났습니다. 1850년경, 영국에서 산업 혁명이 일어나면서부터 농업 중심의 사회가 흔들리기 시작한 거예요. 산업이 발달하자 서유럽 사람들은 비유럽권 국가들로부터 농산물을 대규모로 수입하기 시작했지요. 자국에서 생산하는 것보다 그편이 훨씬 비용이 싸게 먹혔거든요. 유럽 국가들은 비유럽권 국가들을 식민지로 만들었습니다. 그리고 식민지의 넓은 토지와 노동력을 착취해 가며 대규모로 농사를 지었지요. 유럽권 국가들이 농업 사회에서 산업 사회로 바뀐 것은 바로 이때부터입니다. 전체 경제에서 농업이 차지하는 비중이 줄어들면서 농업의 중요성을 인식하지 못하는 사람들이 늘어났습니다.

OECD 국가의 농업 중시 정책

농업은 예로부터 주된 생계의 장이었습니다. 서양이건 동양이건, 국가와 인종을 막론하고 농업은 사회의 중심이었어요. 많은 사람들이 농업에 종사하며 살았지요. 중국의 역대 황제들은 농업을 국가의 으뜸으로 삼아 농업을 부흥시키기 위한 다양한 노력을 기울였습니다. 우리나라에서도 예로부터 농민을 중요하게 여기는 풍토가 있었지요. 그래서 농업이 천하의 근본이라는 뜻인 '농자천하지대본(農者天下之大本)'이라는 말까지 생겼습니다.

농업이 전체 경제에서 차지하는 비중이 줄었다고는 해도 선진국들은 여전히 농업을 중시하고 있습니다. 농업이 무너지면 전체 경제가 휘청거린다는 사실을 잘 알기 때문이지요. 그래서인지 미국과 유럽 국가들은 농업을 지키기 위해 막대한 보조금을 투입하고 있어요. 특히 스위스에서는 농업을 산업의 문제가 아닌 사회적 문제로 보고 농업 정책을 사회 정책과 같이 다룬다고 합니다. 참으로 놀라운 인식입니다. 이러한 인식은 농업에 대한 스위스 정부의 애정이 얼마나 큰지 알 수 있지요. 농업 부문에 사용하는 돈을 농민 개인이나 농민 집단만을 위한 돈이 아니라 스위스 국민의 존립 보장을 위한 예산으로 보기 때문에 가능한 일이라고 합니다.

얼마 전부터 일본에서는 농민들에게 월급을 주기 시작했어요. 농부로 일하는 젊은이들에게 연간 150만 엔(약 1,500만 원)을 지급한다고 합니다. 이 월급은 7년간 최대 1,050만 엔(약 1억 500만 원)까지 받을 수 있다고 해요. 일본 비정규직 젊은이(20~24세)의 평균 연봉이 212만 엔(약 2,120만 원)가량인 것을 감안하면 상당히 파격적인 대우라고 할 수 있습니다. 자국의 농업을 보호하겠다는 강력한 의지를 천명했다고 볼 수 있는 정책이지요.

그런데 우리나라는 다른 나라에 비해 농업을 지키려는 정부의 의지가 약한 편입니다. 외국과의 협정에 나서는 정부의 태도가 그 대표적인 예이지요. 최근 우리 정부가 외국과 맺은 **자유무역협정**(FTA, Free Trade Agreement)에 따르면, 앞으로는 산업적으로 대량 생산된 외국 농산물이 싼값에 물밀 듯 들어올 게 뻔합니다. 그렇게 되면 결국 우리 농업은 무너질 수밖에 없습니다. 그런데도 우리 정부는 농업을 지키기 위한 대책은 마련하지도 않고 FTA를 무조건 강행했지요. 현재 우리나라는 OECD 국가 중에서 식량 자급률이 가장 낮습니다. 농림축산식품부의 통계에 따르면, 2010년 사료곡물을 포함한 식량 자급률은 26퍼센트대에 머물렀어요. 하루 세끼 중 두 끼 이상을 외국산 식재료에 의존하는 셈이지요.

▎아래의 표는 OECD 주요국의 식량 자급률을 보여 준다(단위 : 퍼센트, 네모 안은 순위).

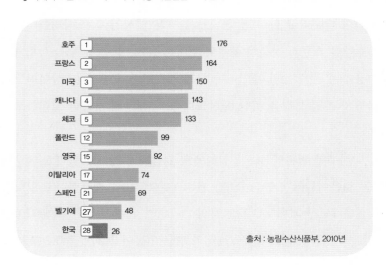

호주 1 176
프랑스 2 164
미국 3 150
캐나다 4 143
체코 5 133
폴란드 12 99
영국 15 92
이탈리아 17 74
스페인 21 69
벨기에 27 48
한국 28 26

출처 : 농림수산식품부, 2010년

　　정부의 소극적인 태도 속에서 농민의 삶은 점점 더 힘들어졌습니다. 현재 전체 농가의 평균 농업 소득은 월 80만 원이 채 안 돼요. 사정이 이렇기 때문에 농민들이 자녀들에게 농사를 대물림하는 일은 흔하지 않습니다. 심지어 농촌을 떠나는 농민들도 부지기수입니다.

　　젊은 사람들이 사라진 농촌에는 이제 노인들만 남았어요. 농민의 고령화로 인해 농촌에는 노동력이 부족해졌지요. 그래서 요즘에는 외국인 노동자들이 부족한 일손을 보충하고 있습니다. 2011년 통계에 따르면 합법적으로 국내에 들어와 농·축산업에 종사하는 외국인 노동자가 약 1만 3,000여 명에 이른다고 합니다. 이는 전체 농부의 6.1퍼센트에 이르는 수이지요.

▌ 농업은 인간에게 가장 필수적 요소인 식량을 제공한다는 점에서 매우 중요하다.

농업의 중요성

우리는 보통 교육을 두고 '백년지대계(百年之大計)'라고 합니다. 백 년 앞을 내다보고 생각해야 할 중요한 일이라는 뜻이지요. 농업도 마찬가지입니다. 농업의 중요성을 생각한다면 농업은 '천년지대계'라고 해도 부족하지요. 농업은 다른 산업과는 다릅니다. 다른 산업은 없어지면 생활이 불편할 뿐 인류의 생존에는 위협이 안 되지만 농업 없이는 인류의 존립 자체가 불가능합니다. 모두가 굶어 죽고, 모든 산업이 황폐화될 수밖에 없어요. 농업 없는 인류의 미래는 상상조차 할 수 없지요.

농업은 다른 산업과 달리 생명과 직결된 분야입니다. 물론 현대인의 삶에서 좋은 옷과 좋은 집, 각종 편의 시설과 문명의 이기를 빼놓고 생각할 수는 없어요. 하지만 그중 어느 것도 먹을거리만큼 중요하지는 않습니다. 휴대 전화가 없으면 좀 불편하기는 하겠지만 생존에 큰 지장은 없지요. 하지만 쌀과 채소, 과일 없이는 살 수 없습니다. 우리는 매일 농산물을 먹어야 힘을 얻어 살아갈 수 있어요. 농업은 우리의 생존에 필수적인 먹을거리를 공급하는 중요한 분야입니다.

국가적, 사회적 차원에서도 농업은 중요합니다. 먹을거리를 안정적으로 생산하지 못하면 굶어죽는 사람이 속출하게 됩니다. 사람들은 식량을 구하기 위해 서로 갈등하게 되고, 갈등이 커지면 폭동으로 번지게 될 가능성이 크지요. 그러면 사회는 큰 혼란에 빠지게 됩니다. 이러한 상황이 지속되면 식량을 놓고 국가 간에 전쟁이 벌어질 가능성도 높아져요. 이처럼 농업이 무너지면 우리가 누리고 있는 문명의 혜택이나 평화도 사라지게 됩니다.

농업이 이처럼 중요하지만 안타깝게도 오늘날 대부분의 사람들은 농업을 중요하게 여기지 않고 있습니다. 국제슬로푸드협회 카를로 페트리니 회장은 농업에 대한 관심 없이 음식에만 관심을 기울이는 것은 음식 포르노에 불과하다고 말한 적이 있어요. 현대인들이 농업에는 관심을 갖지 않으면서 맛있는 음식에만 몰두하는 세태를 비판한 말입니다. 마치 사랑 없이 섹스만을 보여 주는 포르노처럼 병폐라는 거지요. 농업 없이는 우리가 먹고 있는 맛있는 음식도 존재할 수 없다는 말입니다. 농업과 우리의 생활은 이렇게 작은 부분에서부터 깊은 관련이 있어요. 어떤 사람들은 농업 없이도 사회 질서가 유지되고 국가가 원만하게 작동할 것이라고 생각합니다. 이는 크게 잘못된 생각이에요. 농업이 없다면 개인도, 사회도, 국가도 절대 존재할 수 없습니다.

1998년 충북 청원군 옥산면 소로리 구석기 유적지에서 세계에서 가장 오래된 쌀인 소로리 볍씨가 발굴되었다. 서울대학교와 미국 지오크론 연구소의 탄소연대측정 결과 이 볍씨는 1만 3천~1만 5천 년 전의 것으로 확인되었다. 이는 중국에서 출토된 후난성 볍씨의 기록인 1만 1천 년보다 2천~4천 년이나 앞선 것이다. 2003년 10월 22일 영국 BBC 방송은 소로리 볍씨 출토에 대해 "세계에서 가장 오래된 볍씨, 한국에서 발견"이라는 제목으로 보도하였다.

소로리 볍씨의 발굴로 인해 우리나라의 벼농사가 중국으로부터 영향을 받았다는 학설이 근거를 잃었다. 하지만 우리나라에서 쌀이 주식으로 이용된 것은 통일 신라 시대부터라고 한다.

간추려 보기

- 수렵 및 채집 생활에서 농업으로 생산 방식이 바뀌면서 문명과 사회가 발전했다.
- 현대 사회에서 농업의 비중이 줄어들고 있지만 여전히 농업은 국가에 있어서 중요한 산업이다.
- 외국에서는 농업의 발전을 위해 여러 가지 정책을 실시하고 있지만 우리나라에서는 농업을 지키기 위한 대책이 미비하여 농업이 무너질 위기에 처해 있다.

농업의 구성 요소와 특징

산업은 인간이 살아가는 데 도움이 되는 상품을 만들어 내는 행위를 말합니다. 농업도 넓은 의미에서는 산업이에요. 예를 들어 자동차 산업에서는 우리가 편리하게 이동할 수 있는 자동차를 생산하고, 농업에서는 먹을거리인 작물을 생산하지요. 그런데 좁은 의미로 산업을 말할 때는 농업을 포함하지 않는 경우가 많습니다. 농업에는 다른 산업과 구분되는 중요한 특징이 있기 때문이지요.

인간과

동물의 차이점이 무엇일까요? 인간은 말을 하고 도구를 사용하지요. 글을 사용해 지식을 후대에 전하기도 하고, 주변의 환경을 인간에 맞게 바꾸어 나가기도 합니다. 그런데 학자에 따라서는 농업을 인간이 갖고 있는 중요한 특징으로 드는 경우도 많습니다. 지구에서 농사를 짓는 동물은 인간을 빼면 손에 꼽을 정도로 적거든요.

'agriculture(농업)'는 'agri(땅)'와 'culture(경작하다)'라는 단어를 합친 말입니다. 'culture'라는 단어에는 문화라는 의미도 들어 있지요. 농업은 '문화'라는 개념을 포함하는 말입니다. 영농 조직, 영농 기술, 종자, 농기구, 재배 방식, 농민의 노하우와 지식, 사람과 작물 간의 관계, 사람과 토양과의 관계, 먹을거리, 요리법 등이 다 농업 속에 포함된 문화이지요. 이러한 문화는 인류 문명의 시작부터 각 지역마다 다양한 모습으로 발전되어 왔습니다.

농업의 구성 요소

농업은 인류 문명의 원천으로서 인간 생활에 큰 영향을 주어 왔어요. 인류 문화의 뿌리는 농업에 있다고 말할 수 있습니다. 이러한 농업은 여러 가지 요소로 구성되어 있지요.

그중 핵심 요소는 땅입니다. 땅에 파종하면 싹이 트고, 그 싹이 자라 작물이 되면 수확하지요. 땅은 어머니와 같은 존재입니다. 땅의 지력과 상태가 작물에 중요한 영향을 끼치고, 땅의 토질에 따라 재배 작물이 결정되니까요. 땅 없이 물로만 짓는 수경 농사가 개발되었다고 해도 농업에 있어 땅은 빼놓을 수 없는 요소입니다.

두 번째 요소는 물입니다. 세계 4대 문명이라는 말을 들어 본 적이 있나요? 인류 문명에 있어 가장 먼저 발달한 메소포타미아, 이집트, 황허, 인더스 문명을 말합니다. 그런데 세계 4대 문명에는 공통점이 있어요. 바로 큰 강을 끼고 발달했다는 거예요. 메소포타미아 문명에는 티그리스-유프라테스 강이, 이집트 문명은 나일 강이, 황허 문명에는 항허 강이, 인더스 문명에는 인더스 강이 있지요. 강은 교통이 편리하고

논이 있는 지역은 물을 안정적으로 공급할 수 있는 여건이 갖추어져 있다고 볼 수 있다. 따라서 논이 있는 곳에서는 인간도 물 부족 문제를 겪지 않는다.

주변에 넓은 평야가 깔려 있지요. 그리고 무엇보다 물을 풍족하게 얻을 수 있어서 농사에 유리합니다. 물이 없다면 어떤 작물도 제대로 기를 수 없을 테니까요. 농사를 지을 수 있는 깨끗한 물이 점점 부족해지고 있는 오늘날에는 농사와 관련지어 생각해 봐도 물이 소중하다는 걸 절감하게 됩니다.

세 번째 요소는 기후입니다. 추운 겨울이 지나치게 긴 곳에서는 농사를 짓기가 어렵습니다. 일 년 내내 비가 계속 오거나 사막처럼 강수량이 절대적으로 부족한 곳도 마찬가지예요.

네 번째 요소는 종자입니다. 농사를 짓는 지역에는 수천 년간에 걸쳐 그 지역의 토양과 기후에 적응한 종자, 이른바 토종 종자가 있습니다. 그 지역의 농민들이 직접 채종하고 교배하여 지역 실정에 맞는 종자를 발전시켜 왔지요.

다섯 번째는 농사를 짓는 농민입니다. 농민에 대한 대우는 시대에 따라 달랐어요. 봉건 제도에서 농민은 농노 신분이라 땅을 소유할 수도 없었고 이사도 할 수 없었으며 결혼할 때도 허가를 받아야 했지요. 하지만 오늘날 대부분의 선진국에서 농민은 자기 소유의 농토를 가지고 있고 신분도 자유롭습니다. 물론 나라나 지역에 따라 농민에 대한 인식과 신분에 차이가 있지요. **집약적 농업**이 이루어지는 지역에서 오로지 상업적인 목적으로 농사를 짓는 농민들은 자율성과 독자성을 잃고 영농의 주체가 되지 못합니다. 반면 소규모로 농사를 지으며 지역 사회에 필요한 농산물을 생산하는 농민들은 영농의 주체로 독립성을 가지는 경우가 많아요. 이들 농민은 종자 선정과 파종부터 수확에 이르기까지 독자적으로 영농을 합니다.

여섯 번째로 필요한 요소는 영농의 효율성을 올려 주는 농기구와 농기계입니다. 농민들은 오래전부터 낫, 호미, 쟁기, 삽, 가래, 써레, 갈퀴, 쇠스랑 등을 사용해 왔어요. 하지만 농지 규모가 커지고 집약적 농업이 발달하면서 분무기, 이앙기, 콤바인, 경운기, 트랙터 등 기계화된 도구를 사용하기 시작했지요.

마지막으로 중요한 요소가 영농 문화입니다. 영농 문화는 영농 지식과 영농 기술을 포괄하는 개념이에요. 각 지역의 농민들이 수천 년간에 걸쳐 발전시켜 온 영농 문화는 그 지역의 특성을 반영하고 있기 때문에 지역마다 차이가 납니다. 농민들은 영농 문화에 의존해 농사를 지어 왔고 현재도 농민들은 영농 문화를 지키는 보루 역할을 하고 있다고 봐야겠지요.

농업과 산업의 차이

산업은 인간이 살아가는 데 도움이 되는 상품을 만들어 내는 부문을 말합니다. 농업도 넓은 의미에서는 산업이에요. 예를 들어 자동차 산업에서는 우리가 편리하게 이동할 수 있는 자동차를 생산하고, 농업에서는 먹을거리인 작물을 생산하지요. 그런데 좁은 의미로 산업을 말할 때는 농업을 포함하지 않는 경우가 많습니다. 농업에는 다른 산업과 구분되는 중요한 특징이 있기 때문이지요.

우선 농업은 다른 산업과 달리 지역 문화와 기후의 영향을 받습니다. 예를 들어 자동차는 생산 공장이 어디에 있든 작업 공정이 같고 내

놓는 제품의 질에 차이가 없어요. 반면 농업은 농사를 짓는 지역에 따라 경작하는 작물이 달라지는 경우가 많지요. 똑같은 종자를 심는다 하더라도 경작하는 방식과 수확하는 양이 지역에 따라 천차만별인 경우가 대부분입니다. 지역이 변하면 토양과 기후 조건, 영농 문화 같은 재배 요건도 달라지니까요. 농업이 주변에 위치한 지역 사회와 교감하는 지역 농업이어야 할 수밖에 없는 이유입니다.

또 농업은 다른 산업보다 생명과 밀접한 관련이 있습니다. 작물 그 자체가 생명체이며, 농사를 지어 얻을 수 있는 먹을거리는 사람의 생명 유지에 필수적이에요. 게다가 농업을 통해 얻는 부산물도 가축에게는 좋은 사료가 됩니다. 농업은 생명과 직결되기 때문에 농업의 위기는 곧 생명의 위기라고 할 수 있어요.

농업과 우리의 삶

농업은 우리의 삶에 어떤 기여를 할까요? 농업은 다른 산업이 하지 못하는 중요한 역할을 수행하고 있습니다.

첫째, 농업은 식량을 제공해요. 식량은 우리가 살아가는 데, 또 사회가 지속되는 데 필수적이지요. 농업에 종사하는 사람들은 이러한 식량을 안정적이고 예측 가능한 방식으로 제공하기 위해 노력하고 있습니다. 그러면서 생산의 효율화를 꾀해 예전보다 적은 수의 사람으로도 엄청난 양의 식량을 공급할 수 있도록 꾸준히 연구하고 있지요.

둘째, 농업은 산업에 필요한 원료를 공급합니다. 식품 가공에 사용되는 곡물, 고기, 과일, 채소 등은 말할 것도 없고 섬유나 알코올 등을

석유가 고갈되면 옥수수 등을 원료로 하는 바이오 디젤이 대신 쓰이게 될 수도 있다.

생산하는 원료로도 사용돼요. 요즘에는 농·축산물과 그 부산물로 연료를 생산할 수도 있거든요. 최근에는 화석 에너지 의존으로 인한 에너지 고갈 문제가 부각되면서 농업을 통해 생산되는 대체 연료가 각광받고 있어요. 옥수수는 바이오 디젤 생산에 사용되고, 농업 부산물을 이용해 대체 에너지를 생산하기도 하지요. 축산 분뇨는 모아서 **메탄가스**를 만드는 데 씁니다.

셋째, 농업은 일자리를 제공합니다. 농민에게 농사는 생계의 장이자 삶의 보루예요. 농민의 수가 점점 줄어든다고는 하지만 아직도 농업은 많은 사람들에게 일자리를 줍니다. 최근 들어 도시의 청년층이나 은퇴한 중·장년층을 중심으로 귀농, 귀촌이 유행하고 있는데 농업은 이들에게도 소중한 일자리를 제공합니다. 도시에서 일자리를 찾기 어려운 여성, 청소년, 장애인, 고령층 등 이른바 한계 노동력 인구도 농업에서는 일자리를 구할 수 있지요.

넷째, 농업은 국가 경제에 기여합니다. 농산물을 수출하여 외화를 벌어들이는 나라가 적지 않아요. 물론 외화 획득으로 국가 경제에 기여하기도 하지만 사실은 돈으로 환산되지 않는 측면에서 보면 그것 이상으로 국가 경제에 기여하고 있습니다.

농업의 비교역적 기능

농업은 나라 간에 통상 협정을 맺을 때 비교역적 부문으로 분류하는 경우가 많습니다. 비교역적 부문이란 국가 간 교역의 대상이 될 수 없는 품목이라는 뜻이에요. 환경 보호, 식량 안보, 국가의 문화 등에 걸쳐 농업은 경제적으로 셈할 수 없는 다양한 비교역적 요소를 갖고 있지요. 농업의 비교역적 기능으로는 홍수 조절 및 예방, 수자원 함양, 기후 순화, 대기 정화, 토양 유실 감소, 유기물 분해, 수질 정화, 휴양처 제공(경관 가치), 녹색 환경 조성, 사회 경제적 효과(사회 안정, 일자리 제공), 국토의 균형적 발전 등이 있어요.

예를 들어 벼농사의 경우 홍수를 조절하고 예방하는 효과만으로도 엄청난 경제적 효과가 있다고 평가됩니다. 게다가 농업은 국토를 균형적으로 발전시키지요. 한국농촌경제원의 평가에 따르면 농업의 다양한 가치를 돈으로 환산하면 1년에 무려 28조 3,700억 원이나 됩니다.

농업이 인성에 끼치는 영향

최근에는 농업의 인성 개발 및 심리 치유 기능에도 사람들의 관심이 커지고 있어요. 미국 플로리다에는 베테랑스 팜(Veterans Farm)이라는

┃ 아래의 표는 농업의 다양한 가치를 돈으로 환산한 금액을 보여 준다(단위: 억 원).

구분		농업·농촌	산림
농촌의 활기찬 분위기 조성		8,165	–
지역 균형 발전		16,167	–
환경 및 생태계 보전	지하수 함양	41,572	–
	수질 정화	21,910	48,269
	대기 정화	55,889	133,754
	토양 유실 경감	9,520	100,560
	야생 동물 보호	–	7,680
쾌적한 자연환경 조성	농촌 경관	40,316	–
	정서 함양	21,514	–
	전통 문화	16,093	–
	휴양 및 여가	12,218	48,300
재해 경감	홍수 예방	22,814	132,990
	산사태 방지	–	26,360
식량 안보		17,084	–
총계		283,771	497,193

출처 : 한국농촌경제연구원, 《농업·농촌종합대책 실천방안연구》, 2004년

농장이 있는데, 전쟁에 참전한 뒤 트라우마로 고생하는 군인들이 이곳에서 농사를 지으면서 심리적 상처를 치유하고 있습니다. 미국 캘리포니아 교도소에서 재소자들을 대상으로 실험한 결과 일정 기간 영농에 종사한 재소자는 재범률이 크게 떨어진다고 합니다. 영농을 경험한 재소자의 재입소율은 5~10퍼센트 수준으로 다른 업종에 종사한 재소자의 재입소율 61퍼센트에 비해 현저하게 낮은 것으로 나타났어요.

농촌진흥청 도시원예팀의 연구에 의하면 학교 텃밭에서 농사를 지어

본 경험이 있는 학생들은 리더십과 학습 능력에 긍정적인 변화를 보였다고 합니다. 경기도 남양주의 한 학교에서 학교 텃밭 체험 뒤 학생들의 수업 태도가 좋아지고 남을 돌보는 일에 관심이 높아졌다는 관찰 결과도 보고된 바 있습니다.

농업이 사라진다면

오늘날 우리 농촌에서 일어나고 있는 현상을 보면 이러다가 농업 자체가 아예 사라지지 않을까 하는 우려를 금할 수 없습니다. 가장 심각한 문제는 농민이 계속해서 줄어든다는 거에요. 노령화에 의해 농가 인구가 자연 감소되는 것은 물론이고, 농가 부채가 급격히 늘어나서 얼마 남지 않은 농민들조차 영농을 포기하고 농촌을 떠나고 있어 문제가 더 심각합니다. 농가 자녀들도 영농 계승을 원치 않고 있지요. 그 결과 각종 통계에서 농업(농가 인구, 경작지, 농업 생산)의 비중이 점차 줄어들고 있습니다. WTO, FTA로 의해 농업 부문에 대한 정부 지원이 축소되면서 도시 소비자들의 농업에 대한 관심도 점점 낮아지고 있어요.

농업이 없어진다면 어떤 일이 벌어질까요? 우선 농업이 없어지면 농촌이 사라집니다. 그와 함께 수천 년간 유지되어 온 농촌 마을의 역사와 문화, 전통과 관습, 규범과 규약 등이 사라지죠. 우리는 무형, 유형의 문화적 자산을 잃게 되는 거예요. 그리고 농업의 붕괴는 농촌이 아닌 도시에까지 영향을 끼칩니다. 우리나라에서 경작한 신선한 농산물 대신 수입한 농산물을 먹어야 한다는 건 말할 필요도 없지요.

농업이 없어지면 농촌에 빈집이 늘어나고 농기계와 농사 도구도 쓸

농업 생산량은 늘어나고 있지만 자영농의 소득은 점점 줄어들고 있다. 낙후된 인프라도 개선되지 않아 젊은이들이 떠나면서 농업 인구 전체가 고령화되고 있다.

모없어집니다. 농촌을 중심으로 서던 5일장도 없어지고 소중한 종자와 영농 지식 등이 사라져요. 우리나라의 경우 삼면이 바다로 둘러싸여 있고 사계절이 분명하며 일교차가 심한 여건으로 인해 생존력이 강한 토종 종자가 많이 있습니다. 그간 상당수의 토종 종자가 자취를 감추었지만 아직도 지켜야 할 토종 농산물이 많이 남아 있지요. 농업이 사라지면 소중한 토종 종자는 연구실의 자료로만 존재하게 될지도 몰라요.

농업·농촌 관련 기관이 없어져서 생기는 문제도 있습니다. 농림축산식품부나 농촌진흥청, 농촌 공사, 농협, 농과 대학, 농업 관련 학회와 여러 농민 단체 역시 농업이 사라지면 존재의 기반을 잃어버리기에 급격히 해체되고 말 것입니다. 이는 농촌 관련 일자리가 없어진다는 뜻입니다. 또 농업 관련 비즈니스(금융, 농약, 종자, 비료, 농기계, 영농 자재 등)가 축소되거나 사라져요. 농업계 학교, 농촌 지역의 일반 학교가 폐교되고 농업 관련 교사직도 없어집니다.

그러면 어떻게 될까요? 직업을 잃은 농민들이 도시로 몰려들겠지요. 모든 사람들이 도시에서만 일자리를 찾는다면 안 그래도 심각한 실업률을 더욱 심각하게 만들 거예요. 도시의 인구가 늘어나면 도시의 교통 문제와 주택 문제 역시 더 악화될 수밖에 없을 겁니다.

대형 농기계를 통한 기업식 농업이 대세로 떠오르면서 소규모 농업은 가격 경쟁력을 잃고 존립을 위협받고 있다.

국민의 안전과 사라지는 음식 문화

전 국민의 먹을거리를 수입 농산물에 의존해야 한다면 어떤 일이 벌어질까요? 우선 국민의 안전에 지대한 위협이 생기겠지요. 여기 크게 네 가지의 문제에 부닥치게 됩니다.

첫째, 엄청난 양의 외화가 필요하게 됩니다. 외화가 부족해지면 식량 조달에 문제가 생길 수 있고, 설령 외화가 넉넉하더라도 식량을 공급하는 나라의 사정이나 정치적 결정으로 인해 식량을 수입하기 힘들어질 수도 있어요. 그렇게 되면 식량 수급에 비상이 걸릴 것이고, 사회는 기아와 식량 폭동과 같은 사회적 혼란을 겪게 될 것입니다.

다시 말해 필요한 식량을 수입에 전적으로 의존하면 식량 수출국이 식량을 무기로 사용할 때 낭패를 볼 수 있습니다. 경우에 따라서는 국제무대에서뿐만 아니라 국내에서도 정상적인 국가 활동을 행하는 데 제약이 생길 수도 있어요.

둘째, 식품 안전에도 문제가 생깁니다. 수입 농산물은 생산 비용을 줄이기 위해 생산 과정에서 농약을 뿌리고, 오랫동안 보관하기 위해 살충제나 방부제를 남용할 가능성이 농후해요. 따라서 수입 농산물에는 농약과 살충제, 방부제에 있는 화학 물질이 남아 있을 확률이 높습니다.

셋째, 수입 농산물에는 유전자 조작 농산물이 포함되어 있을 가능성이 큽니다. 작물의 생산량을 늘리거나, 새로운 품종을 만들거나, 농약에 잘 견디는 품종을 만들기 위해 유전자를 조작합니다. 그런데 유전자 조작 농산물은 아직 믿고 먹을 수 있는지 확실한 연구 결과가 나오지 않은 식품이에요. 어떤 나라는 아예 유전자 조작 농산물의 유통을 금하기도 합니다. 그런데 수입 농산물에 전적으로 의존하게 된다면 유전자 조작 농산물을 어쩔 수 없이 섭취해야 하는 상황에 처할 수밖에 없습니다. 수출을 위해 대량으로 재배하고, 장거리를 운반해야 하는 농작물은 유전자 조작을 하는 경우가 대부분이니까요. 예를 들어 콩의 경우 전 세계 생산량의 80퍼센트가 유전자 조작 콩입니다. 생산 자국민이 먹지 않고 수출하고 있는 콩이 안전하지 않을 수 있다는 얘기이지요.

더구나 수입 농산물에 의존하게 되면 국민의 안전뿐만 아니라 문화, 즉 식생활에도 큰 영향을 끼칩니다. 식재료가 음식을 좌우하기 때문이지요. 배추가 사라지면 김치 역시 지금과 달라지겠지요. 재료로 쓰는 콩이 달라지면 된장과 고추장, 간장의 맛도 달라지고 말 거예요. 우리 고유의 식재료가 사라지면 그 식재료를 이용해 만드는 우리의 전통적인 음식 문화도 바뀝니다. 그러면 음식의 맛이 달라지고 음식을 만드는 조리 기술도 변하거나 사라질 거예요. 결과적으로 음식 문화가 사라지고 우리의 전통문화가 훼손 내지는 소멸되는 형국을 맞이하게 되는 거지요.

- 농업의 구성 요소로는 땅, 물, 기후, 종자, 농민, 농기구 및 농기계, 영농 문화가 있다.
- 농업은 인류 문화의 뿌리이면서 지역의 문화와 기후의 영향을 받으며 생명과 밀접한 관련이 있는 산업이다.
- 농업은 식량뿐만 아니라 산업에 필요한 원료를 공급하고 사람들에게 일자리를 제공하는 등의 이점이 있다.
- 농업이 사라지면 농촌과 도시가 쇠퇴하면서 국가 경제에 타격을 주고 우리 고유의 음식 문화도 소멸하게 된다.

3

CHAPTER

산업형 농업의
확산과 변화

산업형 농업의 확산에는 미국의 포드재단과 록펠러재단이 주도한 녹색 혁명도 큰 영향을 끼쳤어요. 녹색 혁명이란 폭발적인 인구 증가로 식량 문제를 겪는 제삼 세계 국가를 돕기 위해 생산성이 좋은 새 품종을 개발하고자 했던 운동을 말합니다. 포드재단과 록펠러재단은 멕시코에 밀 품종 개량 연구소를 짓고 필리핀에 쌀 개량 연구소를 설립하는 등, 새로운 농산물 품종 개발에 노력을 기울였어요.

예전 농민들은 주로 전통 방식으로 농사를 지었습니다. 농민은 자신이 경작할 작물을 선택할 수 있었고 자신만의 농사법으로 농사를 지었지요. 농민들은 자기가 사는 지역의 토양, 기후, 음식 문화 등을 반영한 작물을 선택해 재배했습니다. 그 결과 지역마다 영농법이 다 달라졌어요. 하지만 생산량은 소량이었습니다. 좁은 농토에 다양한 종류의 작물을 길러야 했기 때문에 다품종 소량 생산의 형태를 띨 수밖에 없었지요.

전통적 방식의 농업에서는 농업과 축산업이 서로 영향을 주고받았습니다. 이를테면 소를 이용해 농사를 짓고, 열매를 수확하고 난 작물의 줄기를 소의 사료로 이용하는 식이었지요. 또한 전통 농업에서는 농산물이 소규모로 거래되었습니다. 먹을거리가 서로 이웃한 지역에서 소비되었기 때문에 생산자와 소비자 간의 거리를 뜻하는 푸드 마일(food mile)도 짧았지요. 그래서 생산자와 소비자가 서로 잘 알 수밖에 없어요. 패스트푸드점에서 파는 햄버거의 고기가 어느 나라 누가 사육한 고기인지, 빵은 또 어느 나라 누가 생산했는지 전혀 짐작할 수 없는 경우와는 다르다는 의미예요.

농산물을 가공할 기술이나 시설이 거의 발달하지 않아서 가공 식품의 비중도 적었습니다. 가공 식품 또한 자연의 원리를 이용해 발효시킨 음식이었지요. 지역마다 자연환경이 달랐기 때문에 다양한 발효 음식이 발달할 수 있었어요.

그런데 현대에 와서 농업이 산업화되기 시작했습니다. 농사를 짓는 방법부터 농산물을 거래하고 가공하는 방법까지 모든 것이 다른 경제 주체처럼 이윤을 내야 한다는 잣대에 맞추어 변화하기 시작했지요. 사람들은 이러한 현대화된 새로운 농법을 '산업형 농업'이라 부르기 시작했습니다.

산업형 농업의 등장

산업형 농업이란 마치 공장에서 벽돌을 찍어 내는 것처럼 산업화된 생산 방식을 도입한 농법을 말합니다. 산업형 농업이 등장하게 된 계기는 무엇이었을까요?

18세기 후반 영국에서는 **농업 혁명**이 시작되었습니다. 당시 영국은 급속한 인구 증가 때문에 농산물 가격이 급등하고 있었습니다. 1793년부터 프랑스와 전쟁을 벌인 이후에는 수입 곡물 역시 부족해졌지요. 전반적으로 식량은 부족하고 식량 가격은 오르고 있으니, 자연스레 농업이 새로운 부의 원천으로 주목을 받았습니다. 농업 혁명으로 인류는 과거와는 비교할 수 없을 정도로 농작물을 많이 생산할 수 있는 더 발전된 농사 기술을 가지게 되었고, 더 많은 식량을 생산하게 되었지요. 그러자 예전처럼 많은 사람이 농사에 매달릴 필요가 없어졌어요. 세 사람이 할 농사가 두 사람의 힘만으로 가능해진 것입니다. 그러자 남은 한 사람 즉 남은 사람들은 도시로 몰려들었습니다. 이는 다시 말해 잉여 노동력이 생기게 되었다는 것을 의미하고, 그 결과 다양한 산업이 발달할 여건이 사회적으로 조성된 것입니다. 산업 혁명이 일어난 것이지요. 산업 혁명은 인류의 생활을 송두리째 바꿔 놓았습니다. 모든 산업이 현대화되면서 사람들은 효율성만을 추구하게 되었습니다. 바로 효율성을 최고의 가치로 여기는 자본주의가 등장하게 되었다는 것을 뜻합니다.

이처럼 농업 혁명이 자본주의 발생의 뿌리가 되었지만 어느 순간부터는 오히려 자본주의가 농업을 바꾸게 됩니다. 자본주의 사회에서는 모든 생산물이 시장에서 경쟁해요. 그 때문에 생산 과정의 효율성이 무척 중요해졌습니다. 농업을 통해 이윤을 추구하는 사람들이 나타났고, 이는 농업에도 효율성이 중시될 수밖에 없는 상황이 되었다는 이야기죠. 이윤을 극대화하려다 보니 농업에서도 생산 비용을 줄이고, 어떻게 하면 생산성을 극대화할까 하는 시도들이 생겨났어요. 또 최고의 효율을 내기 위해서 사람들은 토지를 일 년 내내 사용해야 했고, 농작물의 재배 기간을 최대한 단축시켜야 했어요. 농업이 점차 다른 산업과 같은 모습으로 변화했지요. 이러한 과정을 거쳐 점차 산업형 농업이라는 방식이 농업의 새로운 방식으로 자리를 잡아가게 됩니다.

산업형 농업의 특징

그렇다면 산업형 농업에는 어떤 특징이 있을까요? 우선 산업형 농업의 가장 큰 특징은 농업에 공장 수준의 효율성과 합리성을 도입한다는 점에 있습니다. 적은 비용을 들여 최대한 많은 수확을 얻으려고 하지요.

동시에 효율성에 걸림돌이 되는 자연의 한계를 넘어서려는 노력을 기울이게 됩니다.

둘째, 산업형 농업은 정해진 땅에 한 가지 작물만 재배하는 **단작 재배**(monoculture)를 추구합니다. 생산 비용을 줄이기 위해서는 여러 종류의 작물보다 단일 작물을 재배하는 게 대량 생산에도 경비 절감에도 유리하지요. 그래서 가급적 생산성이 높은 종자를 선택해 한 땅에서 한 가지 작물만을 재배합니다.

셋째, 산업형 농업은 자본 집약적입니다. 같은 넓이의 땅에서 최대한 많은 수확을 얻기 위해 비료나 농약 등을 많이 사용하지요. 자신이나 자신의 가족을 먹이기 위해 짓는 농사가 아니고, 수익을 내야 하는 농업 형태이기 때문에 상품의 질을 높일 수 있다면 환경 오염을 일으킬 수 있는 비료나 농약 등을 사용하는 데 훨씬 더 적극적일 수 있습니다. 그리고 대규모의 농토를 확보하기 위해 갯벌을 메우는 간척 사업과 같은 대규모 사업을 시행하여 자연을 파괴하는 결과를 가져오기도 합니다.

넷째, 산업형 농업은 속도를 추구합니다. 생산 속도를 높이면 시장 경쟁에서 유리한 위치를 선점하기 쉬워집니다. 예를 들어 육계를 키울 때 빠른 속도로 닭을 사육하여 출하하면 유지비를 줄일 수 있지요. 그러면 남보다 싼 가격으로 닭을 시장에 내놓을 수 있습니다. 가격 경쟁력이 생긴 거지요. 작물의 경우에도 마찬가지 이유로 더 빨리 수확할 수 있는 종자를 선호합니다. 재배 기간이 짧아 일 년 동안 여러 번 수확할 수 있는 작물도 산업형 농업에서는 선호되는 종목입니다.

다섯째, 산업형 농업은 세계 시장을 바라보고 생산합니다. 지역 소비자가 아니라 세계 시장의 요구나 수요에 맞춰 농사를 짓지요. 따라서 산업형 농업은 농산물의 자유로운 무역과 유통을 중시할 수밖에 없습니다. 경제적 이윤만 보장된다면 거리에 관계없이 세계 어디든 작물을 내다 팔려고 하지요.

여섯째, 산업형 농업은 지구의 자원을 무한한 것으로 여깁니다. 만약 지구의 자원이 고갈되더라도 과학 기술이 문제를 해결해 줄 거라고 낙관하지요. 산업형 농업으로 인해 무분별한 농약 사용과 같은 환경 오염 문제가 일어나도 오로지 효율성만을 생각합니다.

산업형 농업의 확산

자본주의 이전부터 농업을 효율화하려는 노력은 있었습니다. 500여 년 전 유럽 국가들은 아시아, 아프리카, 아메리카의 나라들을 식민지로 삼았어요. 유럽인들은 식민지에 대규모 농장을 지어 효율성을 극대화한 농업을 시행했습니다. 18~19세기에 영국 농업 혁명 시기에 일어난 **인클로저 운동**도 효율성을 추구한 영농이라 할 수 있습니다. 당시 영국의 지주들은 더 많은 돈을 벌기 위해 곡물을 기를 땅에 양을 길렀고, 이로 인해 농장에서 쫓겨난 많은 농민이 굶주림으로 고통받아야 했지요.

하지만 산업형 농업은 자본주의 체제에서 급속도로 발달하기 시작했습니다. 자본주의의 가장 중요한 원칙은 최소한의 인건비로 최대의 이윤을 뽑아내는 것이지요. 인건비를 줄이기 위해서는 노동자들에게 값싼 식량을 공급해야 합니다. 적은 임금으로 노동자가 식료품을 살 수 있는 환경을 만드는 것이 자본주의 체제에서는 무엇보다 중요합니다. 그래야 노동력을 확보하기 쉬워지고 상품의 시장 경쟁력을 높일 수 있기 때문입니다.

값싼 식료품을 공급하기 위해 각국 정부는 대량 생산 방식을 통해 식량의 가격을 낮추는 정책을 선택해 왔습니다. 그로 인해 농업 생산의 효율성은 갈수록 중요한 가치가 될 수밖에 없었지요.

미국의 식량 정책

미국의 식량 정책은 산업형 농업의 확산에 중요한 역할을 했습니다. 제2차 세계 대전이 끝나고 개발 도상국에게 식량 자급이 가장 큰 국가적 문제로 다가왔어요. 개발 도상국은 인구의 폭발적인 증가로 심각한 식량 문제를 겪었습니다. 이는 경제 발전과 공업화에 큰 장애가 되었지요. 미국은 막대한 자금을 들여 제삼 세계 국가에 산업형 농업을 정착시킬 인력을 양성하기 시작했어요. 미국의 지원을 받는 **세계은행**과 유엔 특별기구, 국제개발처가 산업형 농업을 확산시키기 위해 수많은 인재들을 훈련시켰습니다. 1960년대까지 미국의 원조에 의존했던 한국도 국제개발처와 긴밀한 관계를 맺었어요. 미국의 원조를 받아 많은 인력이 미국에서 영농 기술을 배워 왔고, 이들이 귀국해 산업형 농업의 도입과 확산에 기여했습니다.

산업형 농업의 확산에는 미국의 **포드재단**과 **록펠러재단**이 주도한 녹색 혁명도 큰 영향을 끼쳤어요. **녹색 혁명**이란 폭발적인 인구 증가로 식량 문제를 겪는 제삼 세계 국가를 돕기 위해 생산성이 좋은 새 품종을 개발하고자 했던 운동을 말합니다. 포드재단과 록펠러재단은 멕시코에 밀 품종 개량 연구소를 짓고 필리핀에 쌀 개량 연구소를 설립하는 등, 새로운 농산물 품종 개발에 노력을 기울였어요. 1960년대 후반에 이르러 같은 면적에서 재래종의 배 이상을 수확할 수 있는 쌀과 밀의 신품종이 필리핀과 멕시코에서 개발되었습니다. 신품종의 보급으로 아시아 여러 나라에서 식량 생산을 증대하는 데 성공했어요. 이 신품종을 재배하기 위해서는 화학 비료와 농약을 더 많이 사용해야 했습니다. 그럼에도 높은 생산량 때문에 신품종은 계속해서 여러 나라에 도입되었어요. 다수확 품종이 보급되면서부터 수확량이 많지 않은 전통 농업은 모두 산업형 농업으로 전환될 수밖에 없었습니다.

좁은 우리에서 평생을 자라는 소는 면역력이 약해져서 항생제를 자주 맞아야 한다. 항생제가 포함된 쇠고기는 인간에게도 부정적인 영향을 미칠 수 있다.

산업형 농업과 공장식 축산

산업형 농업 방식은 효율성을 중시하기 때문에 농업과 축산업을 분리해 전문화를 추구하게 됩니다. 산업형 농업이 발달하면서 이른바 공장식 축산업이 생겨났어요. 공장식 축산업이란 넓은 공간에 수만 마리에 이르는 가축을 몰아넣고 대량으로 기르는 축산 방식을 말합니다. 요즘에는 일부 소규모 농장을 제외하면 대부분 공장식 축산 방식으로 닭, 오리, 돼지, 소 등을 사육해요. 대개 한 농가에서 수십만 마리의 닭과 수천 마리의 소를 키우지요.

공장식 축산업이 이처럼 확산된 것은 경제적 발전으로 육류를 소비하는 사람들이 크게 늘어났기 때문이에요. 하지만 다른 이유도 있어요. 일단 같은 면적에서 이전보다 훨씬 더 많은 가축을 사육할 수 있기 때문에 이익을 극대화하기 좋습니다. 또한 기계화된 축산 시스템을 도입해 노동 시간과 비용을 절약할 수 있지요. 가축의 성장에 필요한 사료 등을 예측하여 만일의 상황에 미리 대비하는 일도 가능합니다.

하지만 공장식 축산업에는 심각한 문제점이 있어요. 공장식 축산 방식으로 사육되는 닭은 태어나는 순간부터 죽을 때까지 일생을 A4 용지 정도 크기의 공간에서 보냅니다. 돼지나 소도 정해진 공간에 최대한 많은 수를 넣어 키우지요. 이렇게 좁은 공간에서 많은 가축을 사육하는 방식을 밀식 사육이라고 합니다. 밀식 사육으로 기르는 가축은 몸을 제대로 움직이지 못해 늘 운동 부족과 스트레스에 시달리지요. 병에 걸리기 쉽기 때문에 항생제를 자주 먹여야 합니다. 그런 상황에서 살을 더 찌우고, 더 빨리 자라게 하기 위해 성장 호르몬까지 투여하지요. 그런데 이렇게 남용되는 성장 호르몬과 항생제가 인체에 축적되어 문제를 야기하게 됩니다.

산업형 농업과 세계식량체계

식량체계(food system)란 먹을거리를 생산하고 가공하며, 유통하고 소비하는 전 과정을 규정하는 말입니다. 산업형 농업 이전의 전통적 식량체계에서는 생산자와 소비자가 연결되어 있었지요. 생산자와 소비자가 공동체를 이루어 먹을거리를 생산하고 소비했습니다. 그러나 산업형 농업이 확산되면서 세계식량체계가 생겨났어요. 세계식량체계가 자리 잡히면서 먹을거리의 생산, 가공, 유통이 전 세계적인 망을 갖추고 이루어지기 시작했지요.

세계식량체계에서 농산물은 세계 시장에서 경쟁하는 상품에 불과합니다. 세계 시장에서 경쟁력을 갖기 위해 농산물의 생산 및 유통에 드는 비용을 가급적 줄이려는 노력이 생겨났지요. 그 결과 잡초와 병충해를

▎아래의 관계도는 세계식량체계의 구조를 보여 준다.

세계 시장

제거하기 위해 사람의 손길 대신 제초제나 농약 등을 뿌립니다. 넓은 농토에 걸맞은 대형 농기계를 도입한 뒤 인건비가 드는 수많은 일꾼들을 해고하기도 해요. 더 많은 이윤을 남기기 위해 세계식량체계가 움직이기 때문에 이윤과 직접적 관련이 없는 환경 오염이나 식품 안전, 농업 노동자 복지 등의 문제는 외면당할 수밖에 없습니다.

세계식량체계의 구조

세계식량체계는 생산자와 농기업, 식품 산업, 곡물 메이저, 그리고 소비자로 구성되어 있습니다. 생산자와 소비자 사이에 있는 농기업, 식품 산업, **곡물 메이저** 등이 식량 체계의 주체라 할 수 있습니다. 세계식량체계 속에서 농민들은 과거와 달리 생산 작물과 생산 방식을 스스로 결정

카길, 몬산토 등의 곡물 메이저는 전 세계 곡물 시장을 장악하고 전 세계 농업과 경제에 큰 힘을 발휘하고 있다.

할 수 없습니다. 그 대신에 식량체계의 주체가 요구하는 종류의 작물을 특정 방식으로 생산해야 해요.

농민이 생산 및 유통 과정에서 차지하는 역할이 줄어들었기 때문에 농민들의 수익도 줄어들었지요. 푸드 달러(food dollar)란 말이 있습니다. 푸드 달러란 농산물 판매 금액을 1달러로 환산해 관련 당사자 각각에게 돌아가는 금액을 뜻합니다. 오늘날 미국에서 밀 생산자가 챙기는 푸드 달러의 비중은 밀 가격 중 고작 4퍼센트에 불과하지요. 그러니 농민들은 농업 소득만으로 생계를 유지하기 어려울 수밖에 없어요. 세계식량체계가 인류의 식량 문제를 효율적으로 해결하기 위해 구축한 시스템이라고 한다면 농민에게 많은 이익이 돌아가도록 하고 농민의 수를 늘려야 하는데 상황은 전혀 반대로 일어나고 있는 형국이라고 할 수 있습니다.

반면 카길, 콘티넨털, 번기 등의 곡물 메이저는 세계 곡물 유통의 80퍼센트를 점유할 정도로 막강한 영향력을 행사하고 있습니다. 심지어 인공위성을 통해 세계의 식량 작황을 모니터링하고 있을 정도예요. 이들 곡물 메이저들은 산업형 농업에 필요한 농기계와 종자, 저장 시설 설비 등을 농민들에게 공급함으로써 식량 체계에서 주도적인 위치를 차지합니다. 식품 산업은 농산물의 가공, 유통 등을 장악하고 소비자들의 밥상을 통제하고 있지요.

소비자는 이러한 생산 과정에 대해 자세히 모르는 경우가 많습니다. 식품의 생산 및 유통 과정에 대해 잘 모르는 채로 주변에서 쉽게 접할 수 있는 패스트푸드나 인스턴트식품을 주로 섭취하게 되지요. 음식을 선택하는 기준도 맛이나 영양분 혹은 건강이 아니라 싼 가격과 편리함이에요. 곰곰히 생각하면 무서운 일이지요. 사람이 음식을 선택할 때 맛이나 영양이 아닌 싼 가격과 편리성을 더 먼저 생각하게 만든 것은 누구일까요? 세계식량체계에서 생산자와 소비자는 철저히 소외받고 있는 셈입니다. 산업형 농업의 테두리 안에서 주체여야 할 생산자와 소비자는 이미 세계식량체계의 객체로 전락한 지 오래이지요.

세계식량체계의 문제점

세계식량체계는 세계 경제와 정치가 안정되어 있을 때만 제대로 작동합니다. 만약 전쟁이나 천재지변 등에 의해 세계 경제가 요동치거나 정치적 갈등이 고조될 경우 세계식량체계는 원만하게 작동하지 않을 가능

서브프라임 모기지론은 저소득층을 상대로 한 미국의 주택 담보 대출이다. 2000년대 들어 부동산 가격이 급등하자 이른바 '서브프라임 모기지론 사태'가 일어났다.

성이 높습니다. 세계식량체계가 무너지면 농업 강국은 식량이 남아돌아도 수출에 어려움을 겪게 되지요. 또한 식량 수입국은 안정적으로 식량을 수입할 수 없어 식량이 부족해질 가능성이 있습니다.

세계식량체계는 국제 경제와 정세에 민감합니다. 2008년 **서브프라임 모기지 사태**로 원유 가격이 폭등한 일이 있었어요. 국제 유가가 폭등하자 식량 생산에도 타격이 있었습니다. 식품을 생산하거나 가공, 수송, 소비하는 데는 엄청난 양의 석유가 필요해요. 그래서 국제 유가가 폭등하면 식량 가격은 치솟게 되지요. 당시 몇몇 국가들은 자국의 식량 보장을 위해 식량 수출을 제한하거나 통제했습니다. 세계식량체계는 이처럼 위기 상황에 취약합니다. 우리는 자신도 모르는 새에 불안한 식량체계 속

유전자 조작 농산물은 아직 인체 유해성이 검증되지 않은 데다 생태계에 어떤 영향을 미칠지 불확실하기 때문에 논란이 되고 있다.

에서 살고 있었던 셈이지요.

산업형 농업과 유전자 조작

식물의 유전자를 이용해 자연적으로 교배될 수 없는 새로운 식물 종자를 만드는 기술을 유전자 변형 또는 유전자 조작이라고 합니다. 산업형 농업에서는 유전자 조작을 통해 생산성을 극대화하려는 노력들이 이루어지지요. 1983년, 담배에 다른 식물의 유전자를 이식하는 데 성공한 것이 최초의 유전자 조작이었어요. 1996년에는 처음으로 상업적 목적의 유전자 조작 작물 재배가 시작되었습니다. 대표적인 유전자 조작 작물로는 토마토, 감자, 유채, 콩, 해바라기, 담배 등이 있지요. 이들 작물들은 외떡잎식물이라서 유전자를 조작하기 쉬웠어요. 현재 가장 많이 재배되고 있는 유전자 조작 작물은 콩입니다.

알아두기

아직 실생활에서 피부로 느껴지지 않지만 우리가 먹는 농산물의 상당수는 이미 유전자 조작 기술의 도움으로 열매의 크기가 커지거나 병충해에 강해진 상태로 공급된 것이다. 산업형 농업에서는 자연적인 농산물의 상태로 도저히 수지가 맞지 않을 경우 인위적인 방법으로 상품성을 높인다. 이미 감자, 고구마, 당근, 보리, 사과나무, 쌀, 옥수수, 콩 등에 유전자 조작 기술이 적용되고 있다.

산업형 농업을 주장하는 사람들이 유전자 조작 작물을 개발한 이유는 무엇일까요? 우선 농약에 내성을 가진 종자가 필요했기 때문입니다. 산업형 농업에서는 잡초를 제거하는 데 드는 비용을 줄이기 위해 제초제를 많이 사용해요. 그런데 강력한 제초제 때문에 작물들도 말라죽는 경우가 있지요. 그래서 강력한 제초제에 더 강력한 내성을 가진 종자를 개발해야 했습니다.

유전자 조작 작물을 개발한 다른 이유는 특정 성분을 가진 농산물을 만들어 내기 위해서였습니다. 이를테면 유전자 조작을 통해 특정 식품이 알레르기를 일으키지 않도록 하거나 과일에 소아마비 백신과 같은 의약 성분을 넣는 것이지요. 골든 라이스(golden rice)의 경우처럼 쌀에 비타민 A를 첨가함으로써 쌀을 보다 영양가 있고 고급스러운 상품으로 만들 수도 있지요.

현재 세계에서 유전자 조작 기술을 선도하는 나라는 미국입니다. 미국 정부는 유전자 조작에 대해 전혀 규제를 하지 않아요. 그 결과 미국에서는 거의 모든 작물에 유전자 조작을 시도하고 있습니다.

산업형 농업이 가져온 변화

효율성을 중시하는 산업형 농업이 자리 잡히면서 농업에는 큰 변화가 찾아왔습니다. 농업의 성격은 이전과 많이 달라졌지요. 산업형 농업 이전의 농민들은 자연의 섭리에 따라 계절에 맞추어 파종하고 수확했습니다. 효율성을 위해 성장 기간을 단축하는 일은 없었지요. 하지만 농업이 산업화되면서 계절과 시간의 제약이 사라졌어요.

산업형 농업이 보편화되면서 농장이 공장이 되었습니다. 공장의 운영 시스템처럼 농사일을 몇 개의 과정으로 나누고 각 과정에 효율성을 더했지요. 상대적으로 효율이 낮은 인력보다 기계로 농사를 짓는 일을 더 선호하게 되었습니다. 규격화된 종자와 농약의 보급으로 이전에 비해 영농 과정이 효율적이고 예측 가능해졌지요.

그러나 농민의 독립성은 많이 사라졌습니다. 산업형 농업 이전에는 농민의 자율성이나 독자성이 높았어요. 스스로의 판단과 노하우로 농사를 지었지요. 그러나 산업형 농업에서 농민은 영농의 매우 일부분만을 담당하게 되었어요. 조립 라인의 노동자가 전체 공정의 일부만 담당하는 것과 마찬가지입니다. 자신에게 정해진 일 이외에는 할 수 있는 것도 없고, 하는 것도 허용되지 않지요.

또 산업형 농업이 확산되면서 농산물은 상품이 되었습니다. 예전에 농민들이 생산한 농산물은 소중한 식량이 되기도 하고 조상에게 바치는 신성한 제물이 되기도 했어요. 그러나 산업형 농업에서 농산물은 상품 그 자체입니다. 시장에서 거래를 위해 생산되고 유통되는 상품일 뿐 존중이나 경외의 대상이 아니지요. 이제 사람들은 농산물을 가치가 아닌 가격으로 접근합니다.

산업형 농업은 축산에도 영향을 끼쳤지요. 산업형 농업 이전에는 **동물 복지**라는 개념이 없었습니다. 동물 복지란 동물을 학대하거나 무의미하게 살상하는 것을 막고, 동물의 본성을 고려해 사육하자는 주장을 담은 동물 보호 운동이에요. 예전에는 닭을 닭처럼, 소를 소처럼 자연스럽게 키우는 환경이었기 때문에 동물 복지라는 개념이 필요하지 않았지요. 그러나 산업형 농업 방식이 적용된 뒤, 닭은 알을 낳는 도구로 전락했습니다. 이제 닭은 24시간 불을 밝힌 닭장에 갇혀 온종일 모이만 먹으면서 알을 낳는 극단적인 사육 환경에서 자랍니다. 이런 사육 환경에서 닭 한 마리가 일 년에 300개가 넘는 달걀을 생산하지요. 또 고기를 얻기 위해 기르는 닭의 경우 태어나자마자 좁은 공간에 가둔 상태에서 계속 사료만 먹입니다. 그리고 채 40일도 안 되어 도축해 닭고기로 가공하지요. 이 과정에서 닭의 생태나 동물 복지는 거의 고려되지 않습니다. 이렇듯 산업형 농업은 생명을 효율성이라는 측면에서만 바라보는 비정한 농업 방식입니다. 동물 복지라는 말이 탄생하게 된 이유는 역설적이게도 동물의 복지가 이렇게 처참하게 무너지다 보니 생겨난 말이지요.

간추려 보기

- 전통적인 농업에서는 농민이 자율적으로 농사를 지었고, 농업과 축산의 연계가 강했으며, 지역적인 영향이 크게 작용했다.
- 산업형 농업은 효율성을 극대화하기 위해 단작 재배 등을 통해 대량으로 빠른 수확을 하고 세계 시장을 대상으로 한다.
- 미국과 국제기구의 정책에 의해 산업형 농업이 전 세계로 확산되었다.
- 농업과 축산이 분리되어 생겨난 공장식 축산은 공장식 농업과 마찬가지로 가축의 성장 속도를 높이고 좁은 공간에서 대량으로 사육하는 등 효율성만을 추구하는 산업이다.
- 산업형 농업의 확산으로 세계식량체계가 생겨났다.

4

CHAPTER

산업형 농업의
결과

산업형 농업에서는 영농에 필요한 종자, 농기계, 비료, 농약 등을 대부분 농기업에 의존합니다. 농기업이 우선시하는 건 시장의 논리지요. 결국 농가와 지역민이 아니라 다른 나라와 지역에 팔기 위한 농산물 위주로 농업이 이루어집니다. 이때 농민은 농기업이라 불리는 거대한 생산, 제조, 배달 체계의 한 요소에 불과할 뿐이지요. 재배할 작물을 스스로 결정하지도 못하고, 심한 경우에는 재배로 얻은 수익의 상당수를 얻지 못하기도 해요.

산업형 농업은 자연에 기반을 두었던 기존의 농업과는 전혀 다른 공장식 농업입니다. 이전의 농업에서는 지역 여건에 토대를 두고 자연적인 방법으로 농사를 지었던 데 비해 속도와 효율성을 중시하는 산업형 농업은 기술 등으로 이런 제한을 극복하고 있습니다. 산업형 농업은 농업의 본질에서 벗어난 방식을 사용하기 때문에 그 결과로 여러 가지 문제가 발생하고 있어요.

지역 농업과 지역 음식에 끼치는 영향

산업형 농업은 지역 농업과 지역 음식에 부정적인 영향을 끼칩니다. 원래 각 지역에서는 토양, 기후, 농법 등에 맞춰 다른 지역과는 차별화된 다양한 작물을 재배했어요. 또 그러한 농산물을 소재로 한 다양한 지역 음식이 생겨나 발전하였습니다. 그래서 지역마다 음식이 차이가 났고 사람들은 각자 지역 고유의 음식을 먹었지요. 음식은 민족이나 지역의 정체성을 구성하는 중요한 요소 중 하나입니다. 하지만 산업화 농업으로 인해 지역 음식이 소멸되면서 나아가 지역 정체성마저도 실종되고 있어요.

산업형 농업이 확산되면서 점차 지역의 여건과 관계없는 농산물이 생산되었습니다. 고려되는 것은 오직 시장의 논리뿐이지요. 그래서 시장에서 경쟁하기 유리한 품목과 종자만 경작을 하기 시작했습니다. 규모의 경제라는 말을 들어 본 적이 있나요? 대량 생산을 통해 투입 비용을 절감해 이익을 늘리는 것을 말합니다. 산업형 농업에서는 규모의 경제에 맞춰 하나의 품종만을 대규모로 경작하는 단일 작물 단지를 세우지요. 그 과정에서 지역 고유의 농산물이지만 경제적으로 크게 도움이 되지 않는 작물은 버려졌습니다.

지역에서 생산되는 농산물, 즉 식재료가 바뀌면서 지역 음식도 바뀌었어요. 지역 고유의 음식은 점차 사라져 버렸지요. 이제 지역민들은 지역 식재료로 만든 지역 음식을 먹는 게 아니라 생산자와 생산 과정을 모르는 재료로 만든 음식을 섭취합니다. 값싼 비용으로 식사할 수 있는 패스트푸드나 인스턴트식품, 가공식품에 대한 의존도가 커진 것이지요. 소비자들 또한 가격이 싸고 편리한 이점 때문에 이러한 음식을 더 선호하자 점점 더 패스트푸드나 인스턴트식품의 소비가 늘어났고, 그 결과 사람들은 점점 더 품질이 낮고 규격화된 음식을 먹게 되었습니다.

가족농의 위상 저하와 쇠퇴

산업형 농업 이전에는 **가족농**이 지역 농업의 주역으로서 그 지역의 영농 문화를 지켜왔습니다. 가족농은 전통과 지혜를 따르고 자연의 도움을 받아 농사를 지속시켜 왔어요. 하지만 산업형 농업으로 전환되면서 농업의 주역이 가족농이 아닌 농기업으로 바뀌어 가고 있습니다. 이와 함께

사례탐구 콩 제국주의

인도에서는 원래 지역의 특색이 반영된 다양한 재료의 식용유를 사용해서 그 지역의 음식을 만들었다. 그러나 일부 지역 식용유에 살충제 성분이 검출되면서 정부에 의해 지역 식용유의 판매가 금지되었다. 그러자 외국에서 수입한 콩기름이 기존의 식용유를 대체했다. 이후 인도에서는 대규모로 콩을 재배했고 결과적으로 콩이 지역 음식 문화를 파괴했다. 다국적 기업들이 종자를 통제하여 인도의 콩 경작을 독점했고 콩이 대량으로 재배되면서 다른 식용유 종자들을 밀어냈다. 그리하여 전통적인 식용유를 사용하는 다양한 지역 음식들이 사라지고 말았다.

> 인도에서 식용유의 재료가 콩으로 획일화되자 식용유를 사용하는 요리 또한 다양성을 잃어버리고 말았다.

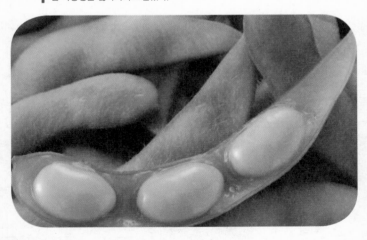

가족농은 위상이 저하되고 경제적 어려움을 겪으면서 쇠퇴하고 있지요.

산업형 농업에서는 영농에 필요한 종자, 농기계, 비료, 농약 등을 대부분 농기업에 의존합니다. 농기업이 우선시하는 건 시장의 논리지요. 결국 농가와 지역민이 아니라 다른 나라와 지역에 팔기 위한 농산물 위주로 농업이 이루어집니다. 이때 농민은 농기업이라 불리는 거대한 생산, 가공, 유통 체계의 한 요소에 불과할 뿐이지요. 재배할 작물을 스스로 결정하지도 못하고, 재배한 작물을 판매해서 얻는 수입도 크게 줄어듭니다.

산업형 농업에서는 농사에 들어가는 비용은 많아지는 반면 농민의 수입은 아주 적어집니다. 푸드 달러를 비교해 보면 알 수 있어요. 미국 밀 생산 농가의 경우 1910년대에는 푸드 달러가 40센트였으나 2000년에는 4센트로 줄어들었어요. 또한 가족농은 산업형 농업에 필요한 대규모 자본을 조달하기 어렵고, 이를 위해 금융에 대한 지식과 기술을 익히는 데에도 어려움을 겪지요. 사정이 이러한데도 정부는 기업농만 지원하고 있습니다. 그 결과 기업농은 점점 더 규모를 키우며 발전하는 반면 경쟁에서 불리한 가

농민의 푸드 달러의 감소로 인해 가족농에 의한 소규모 농업의 안정성이 흔들리고 있다.

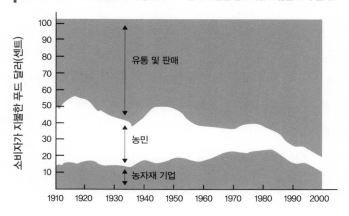

아래의 표는 미국의 밀 농사에서 농민의 푸드 달러가 점점 감소하는 모습을 보여 준다.

족농은 붕괴되었어요. 미국은 가족농의 붕괴가 가장 심각한 곳 중의 하나이며, 이는 이미 높은 농민 자살률로 나타나고 있습니다.

가족농의 붕괴는 개발 도상국에서도 일어나고 있습니다. 산업형 농업의 확산에 의해 생산된 값싼 외국 농산물이 유입되어 개발 도상국의 농민들을 궁지에 몰아넣고 있지요. 사람들은 개발 도상국에서 산업형 농업이 확산되면 향후 20년 안에 농업으로 생계를 이어 가는 30억 인구 중 10억 명이 직업을 잃게 될 것이라고 추산합니다.

가족농이 줄어들면 땅에 애정을 갖고 농작물을 사랑하면서 농사를 짓는 사람들이 줄어듭니다. 지속가능한 영농의 주체가 사라진다는 뜻이기도 하지요. 인류 역사에서 가족농은 농업의 보루이자 농촌 문화의 계승자로서 중요한 역할을 해 왔지요. 하지만 가족농의 감소로 인해 수백 년에서 수천 년 동안 이어져 온 지역 문화와 지역 사회의 중심인 농촌 공동체가 해체되고 있습니다. 이는 농촌 공동체와 관련된 유형 및 무형의 문화유산 모두가 사라지는 것을 의미합니다. 돈으로 계산할 수 없는 엄청난 손실이에요.

가족농이 농촌에서 삶의 기반을 잃게 되면 도시 지역으로 이동해서 빈곤층이 될 가능성이 큽니다. 빈곤층이 늘어나면 도시민의 삶의 질 또한 저하되지요. 그래서 유엔에서는 2014년을 '가족농의 해'로 정하고 가족농을 지키기 위한 여러 가지 방안을 모색하고 있어요.

> **전문가 의견**
>
> 유럽이 가족농과 농장을 잃는다면 유럽은 역사를 잃고, 문화를 잃고, 정체성을 잃고, 나아가 모든 것을 잃게 됩니다.
>
> – 카를로 페트리니 국제슬로푸드협회 회장

농산물의 질 저하와 식품 안전의 위협

원래 농업은 자급자족의 성격이 강했습니다. 농부는 작물을 기르고, 기른 작물을 먹으며 생활했지요. 남은 작물은 내다 팔기도 했지만, 그 또한 농지와 멀지 않은 곳에서 소비되었습니다. 산업형 농업이 널리 퍼진 오늘날에도 농업은 산업이 아니라 먹을거리를 만들어 내는 일이라는 인식이 오늘날까지도 적지 않게 남아 있어요. 그러나 산업형 농업은 농업의 산물을 먹을거리가 아닌 상품으로 생각합니다. 농사를 짓는 농민은 산업형 농업이라는 체계 속에서 작은 톱니바퀴에 불과하지요. 게다가 시장이 생산자와 소비자 사이에 끼여 있어, 생산자와 소비자 사이에 단절이 존재하는 구조입니다. 농업에서 먹을거리라는 말 대신 상품이라는 말이 강조되면 갖가지 문제가 발생해요.

산업형 농업은 생산자와 소비자가 단절된 가운데 농산물을 생산하기 때문에 식품 안전에 불리합니다. 소비자들과 연결이 안 되어 있는 경우 생산자들은 소비자들의 안전을 고려하지 않지요. 생산자들이 소비자들을 배려하지 않으면서 먹을거리를 생산해도 소비자들이 생산자들에게 영향을 끼칠 수단이 거의 없습니다.

산업형 농업에서는 경쟁을 통해 보다 더 많은 이윤을 얻기 위해 제철 농업보다는 사철 농업을 주로 시행합니다. 사철 농업은 특정 계절에만 수확하던 작물을 일 년 내내 고르게 수확할 수 있도록 경작하는 방식을 의미해요. 물론 사철 농업을 하면 일 년 내내 먹을거리가 풍성해진다는 장점이 있긴 합니다.

하지만 사철 농업으로 생산된 농산물은 제철 농산물에 비해 품질이 떨어집니다. 제철 농산물의 성분과 맛과 향을 가지지 못하거든요. 사철 과일의 경우 비타민과 영양 가치 그리고 맛이 제철 과일에 비해 떨어집니다. 채소의 경우도 마찬가지예요. 제철에 노지에서 키운 채소가 더 영양 성분이 풍부하고 싱싱하며 맛이 좋습니다. 반면 온실에서 키운 채소는 제철 노지 채소에 비해 성분도 떨어지고 덜 싱싱하지요. 낮은 품질의 농산물이 많이 생산되면 식품 안전에도 영향을 줍니다.

산업형 농업에서는 시장을 위한 생산, 경쟁을 위한 생산을 추구해요.

특정 종자를 중심으로 재배하는 단작 재배가 이루어지기 때문에 지역에서 생산되는 작물의 종류가 크게 줄어듭니다. 그러다 보니 지역에서 생산된 다양한 농산물을 맛볼 기회도 줄어들어요. 또한 단작 재배는 병충해에 취약해 농약을 많이 사용해야 합니다. 생산자들은 영농 비용을 줄이고자 제초제나 살충제를 많이 뿌립니다. 이렇게 뿌려진 농약은 수확하는 농산물에 고스란히 남게 되지요. 그리하여 안전하지 않은 농산물이 생산되어 공급됩니다.

효율성을 위해 도입된 유전자 조작 농산물과 그것을 이용해 가공한 식품도 안전성에 문제가 있습니다. 프랑스에서 쥐를 대상으로 행해진 장기간의 실험에서 유전자 조작 농산물을 섭취한 쥐에 암이나 고혈압 등의 심각한 병이 발생했거든요.

산업형 농업의 일환으로 이루어지는 공장식 축산에서는 좁은 공간에 많은 수의 동물들을 사육하기 때문에 동물들이 질병에 취약합니다. 그래서 이를 막기 위해 항생제를 사용하지요. 사육 동물을 빨리 성장시켜 시장에 출하하기 위해 사료에 성장 호르몬을 투입하기도 해요. 젖소의 경우에는 우유 생산량을 늘리기 위해 성장 호르몬을 주사합니다. 미국에서 성장 호르몬을 맞은 젖소는 연평균 우유 생산량이 15~20퍼센트 늘어나는 것으로 나타났어요. 이렇게 사용된 항생제와 성장 호르몬은 고기나 우유, 유제품에 고스란히 남아 이를 섭취하는 사람에게도 좋지 않은 영향을 끼칩니다.

환경에 끼치는 영향

산업형 농업에서는 시장에서 경쟁하기 위해 자본 집약적인 농법을 사용합니다. 이러한 농법은 자연의 리듬과 시간을 거스르기 때문에 환경에 부정적인 영향을 주지요.

첫째, 산업형 농업에서는 주로 하나의 품종만을 경작하는 단작 재배가 이루어지는데 이 때문에 지력이 약화되고 토양이 황폐화됩니다. 지력이 약화되면 작물의 재배를 위해 더 많은 화학 비료를 쓰게 되고 화학 비료를 과다하게 사용하면 땅이 산성화되지요. 현재 전 세계의 질소 비료 사용량은 1960년에 비해 8배나 증가한 8천만 톤에 이릅니다.

둘째, **생물 다양성** 및 유전학적 다양성을 약화시킵니다. 슬로푸드 생물 다양성 재단 자료에 따르면 1년에 27,000종 이상의 생물이 멸종되고 있어요. 국제연합 식량농업기구(UN FAO)의 조사 결과 지난 세기 동안 농업에서 유전적 다양성의 75퍼센트가 자취를 감추었다고 합니다. 필리핀의 경우 과거에는 수천 가지 품종의 쌀이 있었으나 오늘날에는 단 두 종류가 수확의 98퍼센트를 차지하고 있지요.

셋째, 단작 재배로 기르는 작물은 병충해로부터 취약해지기 쉬워서 농약을 더 많이 써야 합니다. 그런데 농약은 해충을 잡아먹는 천적에게까지 피해를 주지요. 농약을 많이 사용하면서 농약에 내성을 가진 해충도 점점 늘어나고 있습니다. 나중에는 더 강력한 농약을 사용해야 하는 악순환에 빠져 버리지요. 농민들이 병충해와 잡초 제거를 위해 사용하는 농약은 1950년에 비해 50배나 증가했습니다.

넷째, 산업형 농업의 도입으로 생긴 공장식 축산에서는 농업과 축산이 분리되어 있습니다. 축산에서 나온 부산물을 농업에 사용하지 못하고, 농업을 하며 생긴 부산물을 축산에 활용하기도 힘든 구조이지요. 공장식 축산에서 나오는 분뇨는 항생제 등이 들어 있어 농업에 사용하는 데 문제가 있지요. 또 많은 분뇨가 제대로 처리되지 않고 흘러나와 땅과 물을 오염시킵니다. 공장식 축산은 물을 과다하게 사용하기 때문에 물 부족에도 영향을 끼쳐요.

집중탐구 산업형 농업에 의한 유전적 다양성의 저하 실태

- 세계 인구가 섭취하는 칼로리의 90퍼센트가 불과 30종의 작물에 의존하고 있다.
- 미국에서는 전체 생산되는 감자의 75퍼센트 이상은 네 종류, 꼬투리 콩의 76퍼센트는 세 종류, 완두콩은 96퍼센트가 두 종류의 관련종이며 양상추 생산의 95퍼센트, 옥수수의 92퍼센트, 완두콩의 94퍼센트, 토마토의 81퍼센트는 단일종만 재배가 이루어진다.
- 1949년까지 중국에서는 1만여 종의 밀이 생산되었으나 1970년에는 단 천여 종만 남았다.
- 인도에서는 반세기 전에 3만여 종의 쌀을 재배했으나 현재는 쌀의 75퍼센트 이상이 개량종이다.
- 페루의 고지대에서는 단일 농가가 30~40여 종의 다양한 감자를 생산할 수 있지만 네덜란드에서는 전체 감자의 80퍼센트 이상이 단일종이다.
- FAO에 따르면 세계 농업 다양성의 75퍼센트가 20세기에 소멸되었다. 이는 비즈니스에서 가공업자들이 통일성, 통제, 예측 가능성을 추구한 결과다.

다섯째, 많은 에너지를 소비하여 환경에 부정적 영향을 미치고 있습니다. 산업형 농업은 화석 연료가 농사를 짓는다고 해도 과언이 아닐 정도예요. 비료, 농약 모두 화석 연료로 만들기 때문이죠. 농산물을 수송하는 데에도 화석 연료를 사용합니다. 과도한 화석 연료의 사용으로 인해 지구 온난화가 심해졌어요.

여섯째, 숲이 파괴됩니다. 공장식 축산의 확산으로 남아메리카나 중앙아메리카에 있던 거대한 열대우림이 사라졌어요. 공업용 원료인 야자유, 고무 등을 생산하기 위해 동남아시아의 열대 우림도 피해를 입어야 했습니다. 지구의 허파인 열대 우림의 파괴로 수백만 종의 서식지가 사라졌고 온실 효과의 원인인 이산화탄소의 농도가 높아졌어요. 이산화탄소를 흡수하는 나무가 줄어들었기 때문입니다.

일곱째, 산업형 농업에서는 대규모로 경작하는 기업농이 늘어나고 소규모로 영농하는 가족농은 줄어듭니다. 기업농은 가족농보다 땅에

알아두기

농약의 피해는 우리가 생각하는 것보다 훨씬 크다. 농민들이 농약에 중독되어 건강을 해칠 뿐만 아니라 해충을 잡아먹는 천적이나 토양 속에 있는 이로운 미생물이 살지 못하기 때문에 농작물이 건강하게 자랄 기회를 잃게 된다. 또한 농작물이 무사히 자라서 소비자에게 전달된다고 하더라도 농약이 잔류된 음식을 장기간 섭취하면 각종 질병에 걸릴 수 있다. 특히 임산부의 경우에는 유산이나 기형아 출산의 위험이 높아진다.

대한 사랑과 애착이 낮아 환경에 부정적인 영향을 끼치기 쉽습니다.

동물 복지 침해

효율성, 예측 가능성, 계산 가능성 등의 이점 때문에 확산된 공장식 축산은 동물 복지를 심각하게 해치고 있습니다. 공장식 축산은 비용을 절감하고 관리를 쉽게 하기 위해 동물들을 좁은 공간에 가두어 마음대로 움직이지 못하게 해요.

닭의 경우 수탉은 상품성이 떨어진다며 병아리일 때 바로 죽여 버립니다. 암탉은 많은 산란을 위해 잠을 재우지 않고 교미 없이 한 마리가 1년에 300여 개의 알을 낳게 해요. 고기로 사용하는 육계는 태어나자마자 부리를 자른 뒤 A4 용지 한 장 정도 넓이의 좁은 공간에서 키웁니다.

돼지도 관리하기 편하도록 흙바닥이 아닌 시멘트 바닥에서 키웁니다. 스트레스를 받아 서로 꼬리를 깨물지 못하게 하기 위해 이빨을 뽑고 꼬리를 자르지요. 수퇘지의 경우 빠른 성장을 위해 거세를 해요. 주어진 공간에 최대한 많은 돼지를 키우기 위해 좁은 우리 안에서 제대로 움직이지도 못하도록 키우는데 이는 불필요한 에너지 소모를 막기 위한 목적도 있습니다.

소는 최상급 고기인 마블링을 얻기 위해 운동량이나 물 마시는 양도 제한합니다. 우유를 생산하는 소는 성장 호르몬을 많이 주입한 결과 자기 다리로 서 있지 못할 정도로 체중이 늘어났어요. 그 모습이 너무나 끔찍해 방송에서 사육 현장을 촬영하지 못하게 할 정도입니다.

공장식 축산에서는 동물 간의 짝짓기도 인공 수정으로 대체합니다.

사료도 동물의 식성에 맞추어 개발되기보다는 기업의 이해관계에 의해 개발되고 있어요. 오늘날 사료 곡물인 콩이나 옥수수의 대부분은 유전자 조작 종자로 키운 것입니다. 심지어 초식 동물인 소에게 양이나 소의 내장으로 만든 동물성 사료를 먹인 적도 있어요.

조류독감이나 구제역이 발생하면 해당 지역의 닭, 돼지, 소 등을 대규모로 **살처분**해요. 이들 동물들은 전염병의 대처 과정에서 생명체로 다루어지지 않고 한꺼번에 생매장됩니다. 장거리로 수송하거나 도살할 때에도 동물의 권리는 보장되지 않지요.

지구의 지속가능성 위기

산업형 농업으로 인해 일어나는 지구의 지속가능성 위기에는 어떤 것들이 있을까요?

첫째, 산업형 농업으로 지속적인 식량 생산이 어려워질 정도로 토양이 산성화, 사막화되고 있습니다. 산업형 농업은 생산성을 높이기 위해 화학 비료로 유기 퇴비를 대체했어요. 생산을 많이 하면서 약해진 지력을 보완하기 위해 더 많은 화학 비료를 투입했고 그 결과 땅이 산성화, 사막화되었습니다. 이러한 변화는 경작지가 점점 더 농사를 짓기에 적합하지 않게 변한다는 것을 의미하지요.

둘째, 산업형 농업으로 인해 깨끗한 물이 부족해졌습니다. 녹색 혁명, 공장식 축산은 이전의 생산 방식보다 물을 더 많이 필요로 하기 때문에 먼 곳에서 물을 끌어다 씁니다. 식품경제학자인 프랜시스 무어는 "쇠고기 스테이크 10파운드를 만드는 데 사용되는 물은 한 가족이 일 년간 사용하는 물의 양과 맞먹는다."라고 지적한 적이 있어요. 반 근의 쇠고기 스테이크를 생산하는 데 물 4,500리터가 들어가는 셈입니다. 산업형 농업에 의해 투입되는 비료와 살포되는 농약, 공장식 축산에서 나오는 가축 분뇨 등이 물을 오염시켜 식수와 농업용수로 사용할 수 있는 물이 점점 더 줄어들고 있지요.

셋째, 산업형 농업은 에너지를 많이 소모합니다. 산업형 농업과 장거리 유통은 운영 과정에서 화석 연료가 필요해요. 화학 비료와 농약 모두 화석 연료에서 생산되며 각종 농기계나 영농에 사용하는 에너지 상당 부분이 화석 연료이지요. 또 산업형 농업에 의해 생산된 먹을거리는 생산된 지역보다 멀리 떨어진 곳에서 더 많이 소비되는데, 이때에도 화석 연료를 소비합니다. 가공하고 포장하는 데에도 화석 연료가 들어가요. 그러나 지금 사용하고 있는 화석 연료는 무한하지 않습니다. 언젠가 고갈될 자원이지요.

넷째, 산업형 농업은 지구 온난화를 가속화합니다. 산업형 농업에서 화석 연료를 사용할 때마다 발생하는 이산화탄소나 공장식 축산에서 가축이 만들어 내는 메탄가스는 지구 온난화의 원인이 되고 있어요. 같은 무게의 메탄가스는 이산화탄소보다 26배나 더 지구 온난화에 영향을 끼칩니다. 지구 온난화를 야기하는 데 산업형 농업이 30퍼센트 정도 책임이 있다는 지적도 있어요.

다섯째, 산업형 농업은 지역 농업을 사라지게 합니다. 농업은 지역 농업일 때, 즉 지역의 여건에 맞춰서 영농이 이루어지고 생산자가 소비자들을 배려할 때 환경에 이롭고 지속가능한 영농이 됩니다. 지역 농업

사례탐구 인도의 녹색 혁명

산업형 농업의 확산에 기여한 녹색 혁명은 다량의 비료와 농약을 사용함으로써 토양을 산성화시키고 토양 및 물 오염을 심화시켰다. 인도의 경우 녹색 혁명 뒤 비료 사용량이 6배로 늘어났고 토지의 지력 약화로 생산량이 줄어들자 비료를 더 사용하는 악순환을 겪고 있다. 게다가 녹색 혁명으로 도입된 다수확 품종은 병충해에 취약해 농약을 더 많이 쳐야 했다.

> 농약이나 비료 등으로 인해 망가진 토양을 유지하려면 인위적인 방법을 사용해야 한다. 토양이 약화되면 농작물의 질도 기대할 수 없다.

에서는 소비자들이 농업에 관심을 갖고 지원하기 때문에 생산자가 안정적으로 농사를 지을 수 있지요. 그런데 지역 농업이 사라지게 되면, 지역과 무관한 영농이 이루어지고, 지역 차원에서 농업의 지속가능성 위기가 심화됩니다.

간추려 보기

- 산업형 농업에 의해 지역 농업이 축소되고 지역 음식이 사라지고 있다.
- 가족농의 수가 줄어들면서 농민의 수입이 적어지고 농촌 문화도 손실되었다.
- 대량 생산으로 인해 농산물의 질이 저하되어 식품 안전이 위협받고 있다.
- 환경을 고려하지 않은 농업 방식과 동물 복지를 침해하는 축산업의 발전으로 지구의 지속가능성의 위기가 심화되고 있다.

대안 농업이란
무엇일까요?

산업형 농업은 시장이 요구하는 값싼 먹을거리를 대량으로 생산하는 반면에 대안 농업은 높은 품질의 먹을거리를 생산해요. 산업형 농업은 생산자와 소비자를 연결하는 데 큰 관심을 기울이지 않는데 비해 대안 농업은 생산자와 소비자 사이의 연결을 강조하지요. 대안 농업은 이렇게 농민이 안정적으로 농업에 전념할 수 있게 해 주고, 소비자가 안전한 먹을거리를 안심하고 먹을 수 있도록 도와줍니다.

대안 농업

대안 농업은 산업형 농업의 문제점을 해결하기 위해 시작된 새로운 농사법입니다. 대안 농업이 다루는 분야는 아주 넓습니다. 너무 많은 부분을 다루고 있어서 대안 농업의 개념을 분명하게 정의하는 일은 쉽지 않아요. 미국 대안영농시스템정보센터(The Alternative Farming Systems Information Center)의 정의를 보면 대안 농업은 '**지속가능한 농업**', '직거래나 농민 장터 등의 대안적 마케팅', '대안적 작물 및 가축', '유기 농산물 생산', '통합 해충 관리와 해충의 생물학적 통제', '대체 에너지', '소규모 농장' 등을 포함한 아주 복잡한 개념이지요. 우리는 그중에서 유기 농업, 도시 농업, 공동체 지원 농업, 시민 농업, 동물 복지 인증 제도, 자연 축산에 대해 살펴보려고 합니다.

유기 농업

유기 농업은 농약이나 화학 비료를 사용하는 농업에 대한 대안으로 생겨났습니다. 농약이나 화학 비료의 사용은 단기적으로 생산성을 증대시킬 수 있는 장점이 있습니다. 하지만 토양이 황폐화되고 수질이 오염되는 환경 오염이 일어날 수 있지요. 이는 생태계에 악영향을 끼칩니다. 또한 농약의 지나친 사용은 식품 안전을 위협할 수도 있어요. 이러한 문제점을 해결하기 위해 탄생한 유기 농업은 농약이나 화학 비료를 사용하지 않는 새로운 농사법을 지향합니다. 농약 대신 천적을 이용하여 병충해를 퇴치하고, 사람이 직접 잡초를 제거하지요. 또 화학 비료 대신에 유기농 퇴비를 사용합니다.

알아두기

통합 해충 관리란 육식 곤충과 기후, 작물 순환, 해충에 저항성이 있는 변종 종자의 개발, 토지 경작, 곤충 잡이망 등을 이용하여 환경친화적인 방식으로 해충을 통제하는 것을 말한다. 이 방식은 필요한 경우 화학 약품도 사용하지만 해충은 익충의 먹이가 되기 때문에 해충도 어느 정도 필요하다는 전제하에 시행된다.

영국의 알버트 하워드(Albert G. Howard : 1873~1947)는 유기 농업의 발전과 확산에 큰 기여를 한 인물입니다. 그는 영국의 식물 병리 및 미생물학자였어요. 1900년대 초부터 40년간 유기 농업을 연구했지요. 특히 퇴비를 중심으로 한 유기 농법 연구에 큰 힘을 쏟았고, 그 결과를 토대로 유기 농업 이론을 정립했습니다. 하워드는 1940년에 출판된 《농업 성서(An Agricultural Testament)》라는 저서에서 퇴비 만들기와 윤작을 장려하기도 했지요.

태평 농법

태평 농법은 기존의 벼농사 방법과 달리 모를 심지 않고 또 논을 갈아엎지도 않는 독특한 농사법이다. 이 농법은 농약, 비료, 제초제를 사용하지 않는다. 초여름 논에서 밀과 보리를 수확함과 동시에 볍씨를 뿌린 뒤 보릿짚이나 밀짚 등을 덮는다. 보릿짚이나 밀짚 등은 잡초의 생육을 억제하고 그 속에서 온갖 미생물과 해충의 천적들이 자라도록 해 준다. 또 썩으면 퇴비가 되기 때문에 별도의 퇴비도 넣지 않는다. 가을엔 벼를 거두면서 밀이나 보리를 파종한다. 이때 마늘과 상추를 같이 심어 잡초의 발생을 억제하는 혼작도 병행한다.

유기 농업이 급속히 확대된 시기는 1980년대 중·후반부터입니다. 이때부터 농산물에 남는 잔류 농약이 사회적인 문제가 되었지요. 많은 사람들이 식품의 안전성에 대해 불안감을 가졌습니다. 농약 사용에 대해 불안감을 가지는 사람들이 늘어나자 유기 농산물 시장이 급속히 확대되기 시작했어요. 이렇게 된 데에는 비정부 기구의 역할이 컸는데 그중에서도 독일에 본부를 둔 국제유기농업운동연맹(IFOAM)이 주된 역할을 했습니다. 1972년에 창설된 이 단체는 현재도 110여 개 국가의 750개 조직과 협력하여 유기 농업 확산에 힘을 쏟고 있어요. 유기 농업과 식품 가공에 대한 국제 표준을 마련해 유기 농산물의 국제적 확산을 위해 힘쓰고 있지요.

유기 농업은 국가별 여건에 따라 각각 다르게 성장해 왔습니다. 산업화된 국가의 경우 유기 농업과 유기 농산물 시장이 매년 약 25퍼센트씩

농약을 사용하지 않고 해충을 잡아먹는 천적을 농작물과 함께 기르면 새로운 생태계가 형성되어 그 지역의 환경을 보전하는 데에도 도움이 된다. 당연히 농산물의 질도 좋아진다.

성장하고 있어요. 하지만 개발 도상국에서는 유기 농산물의 필요성에 대한 인식 부족과 유통 및 마케팅 구조의 한계, 새로운 기술에 대한 거부감 때문에 더디게 성장하고 있습니다.

유기 농업은 건강과 환경 문제는 물론이고 지역 발전과 식량 주권 문제 해결에도 매우 긍정적으로 기여합니다. 따라서 지금보다 더 많은 지역에서 유기 농업을 도입하는 것이 필요합니다.

도시 농업

일반적으로 농사는 농촌에서 이루어집니다. 그러나 최근에는 도시에서 도시민에 의해 농업이 시도되고 있어요. 이를 '도시 농업'이라고 부릅

▌ 아래 표는 건강과 환경, 기타 문제의 해결책과 유기 농업과의 관련성을 보여 준다.

문제(과제)	해결책/긍정적 조치	유기 농업의 관련성
농약 사용에 의한 건강 문제	농약을 사용 안 함	매우 높다
농약과 비료 사용에 의한 환경 문제	농약과 비료 사용 안 함	매우 높다.
동물 배설물과 유기 쓰레기 공해	동물 사육과 작물 생산 통합	매우 높다.
주변 환경의 생물학적 다양성 저하	화학제 사용 안 함	매우 높다
	유전자 조작 작물 재배 안 함	매우 높다
	다양화된 생산	매우 높다
농업 생산의 생물학적 다양성 저하	작물의 수와 다양성 증대	매우 높다
	화학제 사용 안 함	매우 높다
	다양한 종자 이용 유전자 조작 작물 재배 안 함	매우 높다
	동물 사육의 통합	매우 높다
생산량 저하 이끄는 지력 저하	토양 침해 통제	매우 높다
	유기적 물질 증대	매우 높다
	생산 체계의 다양화	매우 높다
자연 자원의 비효율적 이용	동물 사육과 경작의 통합	매우 높다
물 자원의 제한	물 오염의 완화	매우 높다
시장 접근의 한계	상대적 우위 확보	매우 높다
소농의 주변화	소득의 증대	매우 높다(유기 농산물 시장 이용 가능할 때)
도시에 빈곤과 슬럼을 가져오는 이농	농촌 지역 소득 증대 농촌에서 돈 유출 감소	관련성 있다
지역 발전	농촌 지역 소득 증대 농촌에서 돈 유출 감소	관련성 있다
식품 안전	안전하지 않은 식품 이용 줄임	매우 높다
	소비자 인식 증대	매우 높다

출처 : IFOAM(http://www.ifoam.org/orgagri/reasons_orgagri.html), 2001년

니다. 도시 농업은 도시라는 제한된 공간에서 영농 활동이 이루어지기 때문에 상대적으로 품질이 높고 가격이 비싼 농산물을 생산합니다. 작은 포유동물이나 가금류를 사육하고 단가가 높은 과일과 채소 등을 재배하지요. 좁은 땅에서 더 많은 가치를 창출하기 위해서입니다. 이렇게 생산된 농산물은 생산자 본인과 그 이웃이 주로 소비하게 되지요.

도시 농업은 고용을 창출해 도시 지역의 빈곤을 완화할 수 있다는 것이 큰 장점입니다. 또한 삭막한 도시에 농토가 늘어나면 그만큼 자연 친화적인 환경이 조성되기 때문에 생태적으로도 이익을 가져다줍니다. 그렇기 때문에 전 세계 많은 도시에서는 그 지역의 기후나 국가 체제에 관계없이 도시 농업이 발전하고 있지요.

도시 농업의 확산

오늘날 도시 농업은 선진국을 중심으로 발전을 거듭하고 있습니다.

사례탐구 캐나다 밴쿠버의 도시 농업 정책

밴쿠버 시 당국은 시민들에게 화단에 관상수나 화초 대신 과일나무나 채소 등을 심도록 권장하면서, 묘목이나 채소 종자를 지원하고 있다. 또 자기 텃밭이 없는 시민들을 위해서 공원이나 학교에 공동체 텃밭(community garden)을 마련해 임대해 주고 있다. 그 결과 밴쿠버 시민들의 56퍼센트가 자기 먹을거리의 일부를 자가 생산하고 있다.

건강과 환경에 관심을 가질 수 있을 만큼 경제적으로 여유 있는 사람들이 선진국에 더 많기 때문이지요. 하지만 근래에는 도시 농업 운동의 확산으로 아프리카와 남미 지역 국가에서도 도시 농업에 대한 관심이 점점 높아지고 있습니다.

전 세계적으로 도시 인구는 계속해서 늘어나는 추세입니다. 도시에 인구가 몰릴수록 식량의 확보나 빈곤, 쓰레기 처리 문제 등이 악화되기 마련이지요. 도시 농업은 이러한 문제를 해결하는 데 큰 도움이 됩니다. 우리나라에서도 최근 도시 농업에 대한 관심이 높아지고 있어요. 민간단체를 중심으로 이루어지던 도시 농업이 지방자치단체 차원에서 확산되고 있지요. 수원시와 창원시가 대표적 예입니다. 이들 두 도시는 도시 농업 조례를 만들어 도시 농업의 육성을 지원하고 있어요. 2011

도시 근교의 빈 공간에 농사를 짓는 도시 농업은 도시민들에게 평소에도 농사를 체험하고 농산물의 안전성에 관심을 갖도록 하는 장점이 있다.

년에는 도시 농업 육성을 위한 법이 제정되었습니다. 이로 인해 전국적으로 도시 농업을 지원하기 위한 움직임들이 생겨났습니다. 전국 각 도시에서 경쟁적으로 도시 농업을 육성하고 지원하는 조례가 만들어졌지요. 현재 많은 지자체에서 도시 농업에 관심을 기울이고 있으며 많은 시민들이 도시 농업에 동참하고 있습니다.

도시 농업이 기존의 농촌 경제를 위협할지 모른다고 우려하는 사람도 있습니다. 이들은 농산물 시장을 도시 농산물이 잠식할 수 있다고 주장하지요. 하지만 도시 농업에서 생산되는 농산물의 양은 매우 적어서 아직은 큰 문제가 되지 않아요. 오히려 도시 농업을 통해 도시민들이 농민의 고충을 이해할 수 있어서 결과적으로 농업 발전에 긍정적인 영향을 준다고 볼 수 있습니다.

공동체 지원 농업

공동체 지원 농업(Community Supported Agriculture)이란 농산물 생산자인 농민과 소비자인 도시민이 직접 교류하는 농업 방식을 말합니다. 공동체 지원 농업은 테이카이(제휴)라는 일본의 운동에서 최초로 시작되었어요. 테이카이는 1960년대 중반 일본의 주부들에 의해 벌어진 운동입니다. 당시 일본 주부들은 수입 농산물이 증대되고, 무분별한 도시 개발 탓에 농지가 감소함에 따라 가족의 식탁에 큰 변화가 일어났다는 사실을 알게 되었습니다. 그래서 일본 주부들은 농가와 직접 제휴하여 가족을 위한 안전한 농산물을 마련하는 방법을 생각해 냈지요. 공동체 지원 농업은 바로 이러한 일본 주부들의 농업 운동에서 발전했습니다.

공동체 지원 농업에 참여하는 회원들은 회비를 내거나 1년에 20여 일간의 노동력을 제공하는 방식으로 농업에 참여합니다. 공동체 지원 농업의 핵심은 생산자가 농사 과정에서 직면하는 어려움을 소비자 회원들과 함께 나누는 데 있습니다. 공동체 지원 농업을 통해 농민은 노동력 부족을 해결하고 농산물의 판매처를 확보할 수 있습니다. 이는 농민에게 큰 힘이 되지요. 소비자 입장에서는 자신이 먹을 농산물이 생산되는 과정을 살펴볼 수 있고, 농사 과정에 참여할 수 있어서 좋습니다. 또한 농장을 체험함으로써 생산자의 노고와 자연의 소중함을 깨달아요.

공동체 지원 농업의 장점

공동체 지원 농업은 몇 가지 장점을 가지고 있습니다.

첫째, 많은 사람들이 농업에 참여하고 관심을 기울이기 때문에 농민들이 어려운 여건에서도 농사를 계속 지을 수 있습니다. 회원끼리 모은 회비를 이용해 농사를 짓기 때문에 농민들이 정부 보조금이나 은행 융자를 받을 필요성이 낮아져요. 자본에 대한 압박이 줄어들기 때문에 농민은 독립적으로 농사를 지울 수 있지요.

둘째, 공동체 지원 농업은 대개 유기 농법을 이용하기 때문에 환경 보호에 도움이 됩니다. 생산자와 소비자 사이의 거리가 가까워서 농산물을 운반할 때 드는 에너지 사용을 줄일 수 있지요. 이는 지구 온난화를 완화하는 데도 큰 도움이 됩니다.

셋째, 공동체의 발전에 기여합니다. 생산자와 소비자가 함께 영농에 참여함으로써 공동체가 강화되지요. 소비자는 신선한 지역 농산물을 이용할 수 있어서 더욱 건강한 생활을 할 수 있습니다. 농민도 자신이 생산한 농산물을 믿고 먹는 소비자가 있기 때문에 농사일에 보람과 만족을 느끼지요.

공동체 지원 농업의 확산

오늘날 공동체 지원 농업은 미국을 중심으로 확산되고 있습니다. 미국에서는 농업이 산업화되고 대규모 농장이 늘어나자 상대적으로 경쟁력이 낮은 가족농이 크게 줄어들었어요. 자연스럽게 가족농을 살리기 위한 운동이 생겨났고, 사람들은 공동체 지원 농업에 주목했습니다. 현

대형화, 기업화되어가고 있는 농업의 현실에서 혼자서 농업을 시작하거나 유지하기 힘든 자영농에게 공동체 지원 농업이 효과적인 대안으로 주목받고 있다.

재 미국 농무성(USDA)은 공동체 지원 농업을 적극적으로 뒷받침하고 있어요. 또한 여러 시민 단체가 지역 농업을 활성화하기 위해 공동체 지원 농업 운동을 꾸준히 전개하고 있습니다. 이러한 지원에 힘입어 미국에는 1,400여 개가 넘는 공동체 지원 농업 조합이 생겨나 운영되고 있습니다.

시민 농업

시민 농업(civic agriculture)이란 지역에서 생산한 농산물을 그 지역 소비자에게 공급하는 농업을 말합니다. 농산물을 상품화해서 먼 지역에 내다 파는 상품 농업(commodity agriculture)에 대한 대안으로 생겨난 농업이에요. 시민 농업에서 농업은 철저히 지역에 기반을 두고 이루어집니다. 식량 생산이 지역 사회의 사회·경제적 발전과 긴밀하게 연관되지요. 시민 농업을 표방하는 농장 중에는 판매 경쟁에 매달리는 대규모 농장보다 협업을 통해 농산물을 생산하는 소규모 농장이 더 많습니다. 작은 규모로 먹을거리를 생산하고, 농사일에 시장이 아닌 지역 사회의 요구를 반영하지요.

시민 농업은 지역 사회를 지속가능한 발전으로 이끌고 소비자 요구를 적극적으로 수용하는 농업이에요. 시민 농업에서는 작물의 재배에 해당 지역의 사회적, 경제적, 인구학적 특징이 반영됩니다. 농민들은 자신들이 사는 지역에 전해 내려오는 문화를 농업에 활용해요. 또한 생산자와 소비자를 직접 연결해 누구나 농산물 생산과 소비의 주체가 될 수 있도록 힘쓰지요. 시민 농업에서는 농산물의 구매자가 단순한 소비

▌ 아래 표는 상품 농업과 시민 농업의 차이를 보여 준다.

	상품 농업	시민 농업
이론적 토대	실험 생물학, 신고전주의 경제학	공동체 이론, 사회적 자본 이론
초점	경제적 이윤 극대화	지역 사회 내 사회 과정
지향	경제적 세계화	지역 경제 및 사회 체계 유지, 발전
이상적 생산 형태	규모의 경제, 대농	공동 생산 구역(농가들이 정보, 노동, 기본 시설과 같은 자원 공유)
환경	정치 체제와 무관	민주적 환경
구매자의 성격	소비자	음식 시민
공동체의 토대	합리적 행위자	조직된 사회적 운동에 참여하는 개인들의 집합체

출처 : Lyson, 2007년

자가 아닌 음식 시민(food citizen)이 됩니다. 음식 시민은 합리적 소비라는 틀에 머무르는 단순한 소비자들이 아니에요. 주체성을 띠고 조직화된 사회 운동 차원에서 농업과 먹을거리에 관심을 기울이며, 더 나은 농업과 더 나은 먹을거리를 위해 끊임없이 노력하는 사람들이지요.

동물 복지 인증 제도

공장식 축산업이 확대되자 동물 복지를 침해하는 잔인한 일들이 늘어났습니다. 해외의 동물 복지 단체들은 이러한 공장식 축산업의 문제점을 해결하기 위해 동물 복지 인증 제도를 제안했지요. 동물 복지 단체들의 노력으로 인도적 가축 사육 인증 제도라는 것이 생겨났습니다. 인도적 가축 사육 인증 제도란 동물을 올바른 방식으로 사육하는 축산 농장에 대해 국가가 동물 복지 인증 마크를 부여하는 제도입니다.

우리나라의 경우에는 최근에 들어서야 정부가 동물 복지에 관심을 기울이기 시작했습니다. 여러 동물 복지 단체의 노력 덕분이었지요. 2011년 8월에는 동물보호법을 전면 개정했고, 동물 복지에 힘쓰는 농장을 인증하는 제도도 만들었지요. 우리나라 정부는 단계적으로 이러한 인증 제도를 확대할 계획이라고 밝혔습니다. 하지만 2014년 조류독감이 유행하자 우리나라 정부는 충북 음성의 한 동물 복지 인증 농장의 닭을 예방 차원에서 살처분했어요. 이 농장은 정부가 전국 동물 복지 농장 1호로 인증했던 곳이었습니다. 이 사건으로 우리나라 정부가 아직까지 동물 복지 정책에 대한 의지가 약하다는 사실이 드러났지요.

집중탐구 **동물 복지가 왜 필요한가?**

동물 복지는 인간 복지와 직결되어 있다. 동물들에 투여된 항생제는 사람에게 투여되는 것과 마찬가지다. 광우병에서 확인되었듯이 동물의 재앙은 사람에게도 재앙이다. 그리고 동물 복지를 중시하는 나라에서는 일반적으로 사람의 복지도 잘 되어 있다.

자연 축산

2001년, 미국 정부의 명령으로 햄버거 체인인 맥도날드에서 동물 복지 평가를 실시했습니다. 미국 내 동물 보호 단체들의 노력의 성과였어요. 그 결과 맥도날드에 계란을 공급하는 농장들은 닭의 부리를 잘라서 사육하거나 닭을 너무 좁은 공간에서 사육하지 못하게 되었습니다. 또 2003년에는 맥도날드에서 항생제를 통해 인위적으로 생장 속도를 높인 가축의 고기를 사용하지 못하도록 했습니다. 그에 따라 맥도날드는 항생제를 사용한 닭, 소, 돼지의 구입을 단계적으로 줄여야 했지요. 이는 자연 축산의 기본 정신이 반영된 조치들이었습니다.

공장식 축산업의 대안인 자연 축산은 동물의 본성을 존중하여 사육하는 축산 방식입니다. 동물은 저마다 본성을 가지고 있어요. 이를테면 닭은 잡식 동물이고 종일 마당을 돌아다니면서 모이를 쪼아 먹습니다. 하루에 약 1.5킬로미터를 걷고 밤이 되면 횃대 위에 올라가서 자요. 돼지도 잡식 동물입니다. 주둥이로 땅을 파고 흙에서 자유롭게 뛰노는 것을 좋아해요. 이렇듯 동물들은 각자의 본성을 가지고 있어서 이를 충분히 고려해야 건강하게 자랍니다. 그런데 공장식 축산업에서는 이런 동물들의 본성이 무시되지요. 좁은 공간에 가두어서 부리를 자르는가 하면 억지로 사료를 먹여 동물을 기르는 일이 부지기수입니다. 자연 축산은 이처럼 인위적인 방식으로 동물을 기르는 일을 지양합니다. 자연의 일부인 동물을 자연 친화적인 환경에서 기르는 일이 매우 중요하다고 믿기 때문이지요. 인간의 욕심으로 잔인하게 키운 동물이 건강에 좋을 리 없다는 것이 자연 축산을 지지하는 사람들의 기본적인 믿음이에요.

대안 농업이 해법인 이유

대안 농업은 산업형 농업과는 매우 다릅니다. 산업형 농업은 시장이 요구하는 값싼 먹을거리를 대량으로 생산하는 반면에 대안 농업은 높은 품질의 먹을거리를 생산해요. 산업형 농업은 생산자와 소비자를 연결하는 데 큰 관심을 기울이지 않는 데 비해 대안 농업은 생산자와 소비자 사이의 연결을 강조하지요. 대안 농업은 이렇게 농민이 안정적으로 농업에 전념할 수 있게 해 주고, 소비자가 안전한 먹을거리를 안심하고 먹을 수 있도록 도와줍니다.

대안 농업에는 여러 가지 장점이 있습니다. 우선 경제적, 환경적인 측면에서 지속가능한 발전이 가능해요. 산업형 농업은 환경을 파괴하고, 지나친 효율성의 추구로 우리의 식탁 안전에 악영향을 끼칩니다. 무분별한 산업화가 농업 분야에 지속되면 먼 훗날에는 파괴된 환경으로 인해 식량 수급에 어려움을 겪게 될 가능성이 높지요. 그렇게 되면 경제에도 큰 위협이 됩니다. 하지만 대안 농업은 환경친화적이에요. 우리는 대안 농업을 통해 안전하고 믿을 만한 먹을거리를 얻을 수 있지요. 지역에서 생산된 먹을거리가 그 지역 내에서 소비되기 때문에 농산물 운반에 드는 화석 연료의 사용을 줄일 수도 있습니다. 또한 대안 농업은 일자리를 창출하여 지역 경제 활성화에 기여해요. 지역의 특성과 전통에 맞는 농업의 발전을 가능하게 하고, 지역의 특별한 종자와 영농 문화를 지켜 나갈 수 있게 하지요. 이는 지역의 문화적 다양성을 유지하는 데에도 도움이 됩니다.

- 산업형 농업이 많은 문제점과 부작용을 낳자 이에 대한 해결책으로 대안 농업이 생겨났다.
- 유기 농업은 농약이나 화학 비료를 사용하지 않는 친환경적인 농법으로 식품 안전성이 위협받는 사회 분위기에 의해 급속히 확대되고 있다.
- 도시 농업, 공동체 지원 농업, 시민 농업 등 도시민을 중심으로 하는 새로운 개념의 농법이 여러 곳에서 시도되고 있다.
- 공장식 축산의 문제점을 개선하기 위해 동물 복지 인증 제도를 도입하고 자연 축산을 권장하는 국가가 늘어나고 있다.

6

대안 농업을
위한 실천

산업형 농업 방식이 열악했던 인류의 식량 문제를 해결하고 풍족한 생활을 즐길 수
있도록 해 준 것은 사실입니다. 그러나 지나치게 효율만을 추구하는 산업형 농업은
환경을 오염시켰어요. 농업 생산량은 늘어났지만 정작 농민들은 가난에서 벗어나지
못했고, 이제는 소비자들의 건강도 위협받고 있습니다. 사람들은 점차 효율성만으로
는 우리의 미래를 보장받을 수 없다는 사실을 깨닫고 있지요.

식량은 개인과 사회에 필수적인 요소입니다. 식량 이외의 다른 것들은 없으면 불편하지만 생존에 영향을 끼치지는 않아요. 반면 식량이 없이 사람은 살 수 없습니다. 식량이 부족한 사람은 굶주림으로 고통받고 건강상의 문제를 겪어요. 사회 전체에 걸쳐 식량 부족이 장기화되면 그 사회는 성장할 여력을 상실하게 되지요. 경우에 따라서는 사회적 혼란을 유발하는 식량 폭동이 일어나기도 합니다.

식량 부족에 의한 개인적인 고통이나 식량 폭동 같은 사회적인 혼란이 일어나지 않게 하려면 어떻게 해야 할까요? 무엇보다 식량이 안정적으로 공급되어야 합니다. 이를 위해서는 농업이 지속가능해서 온전한 먹을거리를 사람들에게 필요한 만큼 계속해서 공급해야 해요. 그러나 오늘날 농업은 지속가능이라는 말과는 점점 멀어져 가고 있습니다. 산업형 농업으로 인해 영농 조건이 많이 악화되었기 때문이지요. 지역 농업이 제 역할을 하지 못하고, 땅을 지키는 보루인 농민이 많이 줄어들었으며, 지역 종자가 상당수 멸종되었고, 토양의 산성화와 물 오염이 심각한 게 오늘날의 현실입니다.

지구 온난화도 식량의 안정적인 생산을 위협하고 있습니다. 많은 연

아래 표는 지구 온난화가 향후 식량 생산에 미치는 영향을 보여 준다. (단위 : 퍼센트)

지역	변화량(1990년~2080년)
세계	−0.6 ~ −0.9
선진국	2.7 ~ 9.0
개발 도상국	−2.3 ~ −7.2
동남아시아	−2.5 ~ −7.8
남아시아	−18.2 ~ −22.1
사하라 사막 이남 아프리카	−3.9 ~ −7.5
남미	5.2 ~ 12.5

출처 : Tubiello, et al., 2007.

구들은 선진국은 식량 생산량이 증가하는 데 비해 개발 도상국, 특히 아시아 지역은 생산량이 줄어들 거라고 전망합니다. 세계 인구가 계속해서 증가하면서 전 세계에서 식량 수요도 더욱 늘어나고 있는 게 현실이지요. 현재 진행되는 상황을 고려할 때 우리나라처럼 낮은 식량 자급률을 가진 국가는 외환이 충분하다고 해도 식량 수입에 어려움을 겪을 수 있습니다.

소비자와 정부의 무관심

산업형 농업의 대안으로 대안 농업을 제시하는 사람이 많습니다. 대안 농업은 대표적인 지속가능한 농업이지요. 하지만 산업형 농업에 비해 현재 대안 농업의 비중은 매우 적어요. 게다가 대안 농업의 확산에는 여러 가지 장애가 있습니다. 가장 큰 문제는 먹을거리의 최종 소비자인 우리들이 산업형 농업과 그 산물인 현대 음식의 문제점을 잘 모른 채 싸고 편리한 먹을거리만 선호하여 오히려 산업형 농업을 확산시키는 데 일조하고 있다는 점입니다. 오늘날 우리들은 마치 농업 없이도 먹을거리를 마련하는 게 가능한 것처럼 농업에 관심을 기울이지 않습니다. 매일같이 음식을 먹으면서도 농업에 대해 관심이 없고 농민을 외면하고만 있지요.

하지만 이런 문제 제기는 정부에 대해서도 할 수 있어요. 오늘날 정부의 경제 관료들은 농업의 중요성을 인식하고 지키자는 주장에 그다지 관심을 기울이지 않고 있거든요. 정부가 농업을 경시하는 가운데 농민들은 점점 더 곤경에 처해가고 있습니다. 식량 자급률 또한 낮아지고 있어 우리는 수입 농산물에 의존할 수밖에 없는 상황이지요.

소비자의 역할

지속가능한 농업을 확산시키기 위해서는 먹을거리와 1차적 이해관계를 갖고 있는 소비자의 역할이 중요합니다. 소비자가 음식 문맹에서 벗어나 음식 시민이 되어야 해요. 지속가능성을 유지할 수 있도록 지역 식량 체계를 재구축하고 로컬푸드 운동, 슬로푸드 운동을 활발히 전개해야 합니다. 생산자들이 지속가능한 영농을 하려면 소비자들의 관심과 지원이 필수적이니까요. 생산자가 지속가능한 방식으로 먹을거리를 생산하여 공급하더라도 소비자가 외면하면 생산자는 결국 영농을 포기해야 합니다.

무엇보다 소비자가 먹을거리의 중요성, 농업의 중요성, 농업의 가치를 알아야 합니다. 싸고 편리한 음식을 선호하고 농업을 외면하는 음식

문맹이 아니라 음식을 중시하고, 음식의 가치를 알고, 농업 없이 음식이 없다는 것을 알고 실천하는 음식 시민이 되어야 해요. 음식 시민은 먹을 거리와 건강, 환경, 지속적 발전의 관계에 대해 알고 일상적인 먹을거리의 소비가 농촌 경관, 공동체, 환경에 영향을 준다는 사실을 알고 있습니다. 따라서 음식 시민은 먹을거리를 구매하면서 먹을거리의 외관이나 가격보다 그것의 영양, 경제적, 환경적 의미를 더 생각하지요.

음식 시민과 지속가능한 농업

소비자가 음식 시민이 되어 행동할 때 지속가능한 농업의 발전에 기여할 수 있습니다. 그 예로 몇 가지를 들어 볼게요.

첫째, 먹을거리의 생산에 직·간접적으로 참여할 수 있습니다. 음식 시민은 공동체 지원 농업의 회원이 되어 영농 과정에서 농민이 겪는 위험을 공유함으로써 농민이 걱정 없이 농사를 짓게 하는 데 기여해요. 시장에 참여하여 농민을 만나 이야기를 듣고, 격려하고, 농민이 가져온 농산물을 제값을 주고 사는 것도 중요합니다. 이런 행동은 농민에게 보람을 가져다주고 농가의 소득에도 도움을 줄 수 있어요. 음식 시민은 도시 농업에도 종사할 수 있습니다. 영농에 종사하여 먹을거리의 생산자가 되고 이를 통해 영농 기술을 익히면 농업과 농민에 대해 이해할 수 있고 농민을 응원하는 데 앞장설 수 있지요.

둘째, 음식 시민은 생산자로부터 먹을거리를 직접 구입하거나 생활협동조합 등에서 구입함으로써 유통 단계를 줄이는 데 기여할 수 있습니다. 이를 통해 중간 마진을 줄여 농업을 통한 이익이 생산자에게 보다 많

먹을거리의 중요성에 대해 제대로 알고 건강한 농산물을 선택할 줄 아는 음식 시민이 늘어
나야 농업도 같이 발전할 수 있다.

이 돌아갈 수 있게 합니다. 동시에 음식 시민은 지역 먹을거리의 구매 정
보를 전파하고 홍보하는 역할을 할 수도 있어요. 지역급식위원회의 활동
을 통해 학교 급식 등 기관 급식에 지역 농산물을 구매하도록 영향력을
행사하거나 먹을거리의 지역 유통을 독려하여 지역 경제의 활성화에 기
여할 수도 있지요.

셋째, 음식 시민은 로컬푸드의 이점과 생산자, 지역 경제, 지역 사회
와 환경 등에 미치는 영향을 알고 있기 때문에 지역 농산물을 구매하고
그것을 조리하여 음식으로 만들어 먹습니다. 그리고 가정에서 조리를 해
야 지역 농업에서 생산한 신선한 농산물의 수요가 생긴다는 것을 알기
때문에 가정에서 조리 기술을 대물림하고 있어요.

넷째, 음식 시민은 단체 행동을 통해 문제가 있는 식품을 생산하는 기업이나 유통하는 업체 등에 영향을 끼칠 수 있습니다. 유럽에서는 소비자들의 노력으로 맥도날드를 비롯한 패스트푸드 업체들이 유전자 조작 식재료를 사용하지 않겠다는 선언을 했고 백화점 등에서도 유전자 조작 식품을 판매하지 않게 되었어요.

지역식량체계

지역식량체계는 생산자와 소비자가 연결된 식량체계입니다. 여기서 생산자가 지역 소비자를 위해 먹을거리를 생산하고 소비자는 지역에서

찬성 VS 반대

우리 회사에서는 하나의 유전자 조작 농산물을 시장에 내놓기 위해 평균 13년 동안 1억 3,600만 달러 이상을 투자한다. 이 과정에서 독성과 알레르기, 실질적 동종성, 환경 영향 등 75가지 이상의 검사를 하고 있지만 아직까지 부작용이 나타난 적은 없다.

– 케빈 딜 농기업 듀폰 파이오니어 이사

유전자 조작 농산물의 안전성 여부는 아직도 명확하지 않다. 유해성 논란이 있는 만큼 소비자의 알 권리 차원에서 유전자 조작 농산물의 완전 표시제 도입이 필요하다.

– 김자혜 한국 소비자시민모임 회장

생산된 먹을거리를 구입합니다.

지역식량체계는 지속가능한 농업의 확산에 기여해요. 소규모의 다양한 영농이 장려되기 때문에 생산자 간 경쟁 또한 줄어듭니다. 비료와 농약, 에너지와 물 사용을 줄이면서 토양을 보전하고 다양한 작물을 경작하면서 생물 다양성의 감소를 줄이지요. 또 지역식량체계는 수천 년간 내려온 지역 토종을 보존하고 지키는 데 기여합니다. 지역식량체계의 예로는 농부 장터, 공동체 지원 농업, 직거래(농협 꾸러미하나로, 인터넷, 직거래 장터), 지역 농산물을 이용한 공공 급식(학교, 병원, 군대 등) 등을 들 수 있어요.

지역식량체계의 특징으로 다음을 들 수 있습니다.

첫째, 먹을거리의 생산에 지역 특성이 반영됩니다. 지역의 토양, 온도, 강수량, 지역 소비자들의 필요 등에 의해 작물이 선정되고 지역의 특성이 반영된 작물을 생산하기 때문에 산업형 농업에 비해 정상적인 농사가 가능하고 농산물의 판매도 지역에서 이루어져요.

둘째, 생산자와 소비자가 식량 체계의 주체이고 중요한 행위자입니다. 지역식량체계의 생산자는 농기업, 식품 산업, 거대 곡물 기업 등에 구애받지 않고 생산 활동을 할 수 있어요. 영농에 대해 독자적인 결정을 할 수 있고 판매도 유통업자에 덜 의존합니다. 지역식량체계의 소비자들은 농기업, 식품 산업, 거대 곡물 기업 등의 정보나 판매 전략에 현혹되지 않고 지역 먹을거리를 구매할 수 있지요.

셋째, 먹을거리의 생산자와 소비자가 연결되어 있습니다. 생산자는 소비자의 요구나 필요를 반영한 농산물을 생산하고 소비자는 누가 어떻게 생산했는지 아는 상태에서 농산물을 구입할 수 있어요. 농민들은 걱정 없이 안정적으로 농산물을 판매할 수 있고 소비자들은 믿고 신뢰할 수 있는 농산물을 섭취하게 됩니다.

넷째, 생산자와 소비자 간의 물리적 거리가 짧습니다. 지역에서 생산된 먹을거리를 지역에서 소비하기 때문이지요. 직거래로 생산자와 소비자 사이에 중간상들을 거치지 않기 때문에 둘 사이의 사회적 거리도 짧습니다.

지역식량체계의 이점

지역식량체계는 많은 이점을 제공합니다. 우선 농민들은 중간 상인을 거치지 않음으로써 더 많은 수입을 얻을 수 있어요. 판매처가 안정적으로 보장됨으로써 농민들은 영농에만 전념할 수 있고 다양한 작물을 재배할 수 있지요. 농민들은 소비자와 인간적인 접촉을 할 수 있으며 소비자들은 건강에 이롭고 신뢰할 수 있는 음식을 먹을 수 있다는 장점도 있습니다.

생산자가 소비자의 건강과 안전을 염두에 두고 생산하기 때문에 농약을 사용하지 않거나 적게 사용해요. 수확한 뒤 바로 공급하기 때문에 신선하고 영양가가 높습니다. 또 단거리 수송을 하기 때문에 방부제를 사용하지 않아도 돼요. 소비자들은 자신이 구입하는 농산물에 대한 지식을 가지므로 안심하고 먹을 수 있습니다.

지역식량체계에서는 생산자와 소비자 간의 신뢰라는 사회적 자본이 자원과 농토, 환경을 함께 공유하고 책임지도록 합니다. 지역 토지에 대한 사회적 책임 관리(stewardship)를 통해 지역 사회가 더 살기 좋은 곳이

되고 소비자와 생산자가 공동으로 환경 문제 등에 대응할 수 있어요. 농산물 구매 대금이 외부로 유출되지 않고 지역에서 순환되므로 지역 내의 일자리가 늘어나게 되고 관련 사업도 활성화됩니다.

로컬푸드 운동

로컬푸드 운동은 산업형 농업의 산물인 글로벌푸드의 대안인 로컬푸드를 확산시키고자 하는 운동입니다. 로컬푸드 운동의 스펙트럼은 매우 넓어요. 단순히 지역 농산물을 먹자는 캠페인(eat local)에서부터 지역식량 체계의 제도화와 확산, 세계화된 농업에 대한 반대(반 WTO 활동)에 이르기까지 지향점에서 차이가 납니다. 로컬푸드 운동은 농업이나 먹을거리 문제의 해결에 그치지 않고 지역 경제를 활성화하고 지역의 환경 문제에 대한 참여와 관심을 높이며 보다 광범위한 사회 운동에 기여해요.

지금 세계 여러 나라에서 로컬푸드 운동이 전개되고 있습니다. 미국에서는 전국 각지에서 연방 정부 및 주정부의 지원과 소비자 단체, 농민 단체 등의 활약으로 로컬푸드 운동이 빠르게 확산되고 있어요. 미국의 농민 시장은 8,300개가 넘어섰고 소비자가 생산자의 영농 위험을 공유하는 공동체 지원 농업도 1,400개 정도가 운영되고 있습니다. 또 지역 농산물을 재료로 사용하는 학교 급식 운동인 학교 농장 연결 프로그램(Farm to School)도 초중등학교를 넘어 대학(Farm to College)과 일반 기관(Farm to Cafeteria)까지 확대되고 있지요.

영국에서는 광우병의 발병이 로컬푸드에 대한 관심을 촉발시켰고, 2002년에는 구제역 파동이 로컬푸드에 대한 관심을 가속화시켰습니

광우병이나 구제역 같은 가축의 전염병은 모두 효율성만을 강조하고 안전과 건강을 고려하지 않은 사고 방식의 결과물이었다.

다. 영국에서 진행되고 있는 로컬푸드 운동의 결과 농장 판매장(Farm Shops), 농민 시장(Farmers' Markets), 식품 박스 마케팅(Box Schemes), 로컬푸드 링크(Local Food Links), 지역 푸드 그룹(Regional Food Groups) 등이 확산되고 있어요. 특히 데본 푸드 링크(Devon Food links)는 공공 부문의 자원으로 지역식량체계를 운용해 로컬푸드 확산과 일자리 창출 등의 성과를 얻어 냈습니다.

일본에서는 1990년대부터 농산물을 지역에서 생산하고 지역에서 소비한다는 뜻인 지산지소(地産地消) 운동이 전개되고 있습니다. 정부의 지원으로 농협, 생협 등이 이 운동을 주도하고 있어요. 2005년 3월에는 내각 회의에서 '식료, 농업, 농촌기본계획'을 결의하여 지산지소 운동을 전국으로 확대했습니다. 일본 지산지소 운동의 역할로는 자원 순환을 통한 지역 내 자급의 촉진, 저비용 고품질의 농산물 공급, 고용의 창출을 통한 지역 자원의 활용, 푸드 문화와 지역 문화의 복권, 인간성 회복과 건강 증진, 음식 교육과 인간 교육 등을 들 수 있습니다.

로커보어

로컬푸드 운동과 관련하여 로커보어(Locavore)도 주목할 만합니다. 로커보어란 지역을 뜻하는 로컬(Local)과 먹을거리를 뜻하는 보어(Vore)의 합성어로 자기가 사는 지역과 가까운 거리에서 재배·사육된 로컬푸드를 즐기는 사람들을 말해요. 이들은 글로벌푸드나 패스트푸드의 섭취를 가급적 피하고자 합니다. 그런 음식은 건강에도 좋지 않을 뿐만 아니라 지역 경제, 환경, 동물 복지 등에도 문제를 야기한다는 것을 알기 때문이지요.

로커보어들은 인스턴트식품에 대한 의존을 줄이고 대신 인근 지역 농민들과 직거래 등을 통해 생산자와 생산 과정을 아는 먹을거리인 로컬푸드를 구입하거나 직접 키워 먹습니다. 근래 들어 세계 거의 모든 나라에서 로커보어가 늘어나고 있어요. 로커보어는 상류층뿐 아니라 여러 계층에 걸쳐 있으며 특히 젊은 층의 활동이 돋보입니다.

슬로푸드 운동

슬로푸드 운동은 1986년에 이탈리아에서 시작되었습니다. 패스트푸드 업계의 대명사인 맥도날드가 로마의 스페인 광장에 진출하자 카를로 페트리니와 동료들은 음식이 표준화되고 전통 음식이 사라지는 것에 대

쉽게 구입할 수 있는 패스트푸드나 가공 식품을 되도록 멀리 하고 로컬 푸드를 선택하는 소비자가 바로 로커보어다.

항하여 식사와 미각의 즐거움, 전통 음식 보존 등의 가치를 내걸었어요. 이들은 미국의 패스트푸드 진출과 더불어 저임금과 장시간 노동 등 미국의 열악한 노동 문화가 이탈리아에 유입될 것을 우려했습니다.

이 시기 슬로푸드 운동에 국제적인 관심이 모아진 배경에는 영국에서 발병한 광우병이 있었습니다. 초식 동물인 소에게 양의 내장을 먹여 생긴 광우병도 소를 빨리 키우기 위한 속도 문화의 산물이기 때문이었어요.

오늘날 슬로푸드 운동은 전 세계에 153개 회원국, 10만여 명의 회원, 1,500개의 지부가 설치되어 활동하는 국제적인 운동이 되었습니다. 운동 본부인 국제슬로푸드협회는 이탈리아 브라(Bra)에 있지요.

슬로푸드 운동은 점차 그 운동 영역을 넓혀 가고 있어요. 슬로푸드 운동에서 제시하는 음식의 조건은 '좋고(good), 깨끗하고(clean), 공정한 (fair)' 음식입니다. 좋다는 것은 음식이 맛이 있고, 자연적이고, 문화적으로 적합하여 건강에 이롭다는 것을 말해요. 깨끗하다는 것은 먹을거리의 생산과 수송이 지속가능한 것을 의미합니다. 생산 과정에서 다양한 작물을 심고 비료나 농약 등을 적게 사용해 땅과 물의 오염을 막는 것을 말하지요. 공정하다는 것은 생산 및 유통 과정에서 일한 사람들의 몫을 제대로 인정해 준다는 것을 말합니다. 범위를 넓히면 동물 복지를 위반하지 않는 것까지 포함해요. 이러한 세 기준을 고려할 때 슬로푸드는 다른 어느 음식보다도 온전한 먹을거리라고 할 수 있습니다.

슬로푸드 운동은 음식뿐만 아니라 언어, 음악, 문화, 정체성 등에도 많은 관심을 기울이고 있습니다. 이들 모두 수천 년에 걸쳐 발전한 인류의 유·무형 문화유산이지만 산업화와 세계화가 진행되는 가운데 사라질 위기에 처해 있기 때문이에요. 슬로푸드 운동은 음식을 땅, 물, 공기, 생물 다양성, 경관, 건강, 전통 지식, 즐거움, 관계, 나눔과 관련지어 접근하고 있습니다.

슬로푸드 운동의 활동

슬로푸드 운동이 역점을 두고 있는 프로젝트는 산업형 농업으로 인해 소멸 위기에 처한 생물 다양성 보호입니다. 이를 위해 국제슬로푸드협회는 슬로푸드 생물 다양성 재단을 설립하고 재단의 주요 사업으로 맛의 방주(Ark of Taste)와 프레시디아(Presidia) 프로젝트를 실시하고 있어요.

맛의 방주는 위기에 직면해 있는 지역 종자나 음식 등을 목록에 등재시켜 전 세계에 알리는 프로젝트입니다. 2014년 10월 기준으로 2천여 개가 등재되어 있지요. 프레시디아는 맛의 방주에 등록된 품목을 중심으

슬로푸드 선언문

  슬로푸드 운동이 국제적인 운동이 된 것은 1989년에 국제슬로푸드협회가 파리에서 '슬로푸드 선언문'을 발표하면서부터다. 1989년 11월 9일 프랑스 파리의 코믹 오페라 극장에서 채택된 슬로푸드 선언문은 다음과 같다.

  "산업화라는 이름으로 전개된 우리 세기는 처음으로 기계가 발명되었고 이후 기계를 생활의 모델로 삼고 있다. 그래서 우리는 속도의 노예가 되었으며, 개인의 식습관을 망가뜨리면서 패스트푸드를 먹도록 만든 빠른 생활 방식에 우리 모두가 굴복하고 있다. 우리는 이제부터라도 지역 요리의 맛과 향을 다시 발견하고 품위를 낮추는 패스트푸드를 추방해야 한다. 빠른 생활 방식은 우리의 환경과 경관을 위협하고 있다. 그러므로 지금 우리의 유일하면서도 진정한, 진취적인 해답은 슬로푸드다."

  이 선언문에서 국제슬로푸드협회는 사람들을 속도의 노예로 만드는 속도 전쟁에서 벗어나기 위해 미각을 발전시켜 음식의 즐거움을 누려야 한다고 제안한다. 슬로푸드 선언문은 슬로푸드 운동이 단순히 음식이나 미각에 대한 관심만이 아닌 속도를 강조하는 자본주의 문명에 대해 반대하고 있음을 분명하게 보여 준다.

로 국제적으로 보존 가치가 있는 음식을 슬로푸드 본부에서 지원하는 프로젝트이며 전 세계에 걸쳐 5백여 개 품목이 등재되어 있습니다. 우리나라는 2014년 10월 기준으로 맛의 방주 목록에 28개가 등재되어 있고 4개의 품목이 프레시디아로 인증되어 지원을 받고 있지요.

  국제슬로푸드협회는 먹을거리 공동체의 국제 네트워크를 통해 현대 농업과 먹을거리의 문제에 대응하고 그 대안을 찾고 있습니다. 2004년

이후 매 2년마다 이탈리아 토리노에서 열리는 테라마드레(Terra Madre)는 먹을거리 공동체 간 네트워크를 강화하고 그 힘을 보여 주는 행사에요. 테라마드레에서는 전 세계에서 온 먹을거리 공동체의 구성원들인 생산자, 공동 생산자, 조리사, 학자, 음악가 등이 수천 명 이상 모여 오늘날 지역 농업과 지역 음식이 직면한 현실과 현안에 대해 의견을 나누고 문제를 진단하며 해결책을 모색하고 있습니다.

슬로푸드 운동은 아프리카 농장 사업의 지원에도 힘을 기울이고 있습니다. 단순히 구호물자만 전달하던 이전의 원조와 달리 마을에 일정 크기의 농장을 조성해 거기에서 마을 주민들이 영농 기술도 배우고 실제로 거기에서 재배한 채소 등을 섭취하도록 하고 있어요. 국제슬로푸드협회는 처음에 천 개의 아프리카 농장을 지원하겠다는 목표를 세워 이미 달성했고, 이후 1만 개로 목표를 상향 조정하여 모금을 하고 후원자를 연결하고 있습니다. 우리나라에서도 개인 및 단체에서 수십 개의 아프리카 농장을 지원했지요.

슬로푸드 운동은 지역 미각의 보호, 미각 교육의 확대, 유전자 조작 반대, 생산자와 소비자의 연결 등에도 관심을 기울이고 있습니다. 지역 농업을 지키기 위해서는 지역 미각의 보호가 필수적이라고 보고 사람의 감각을 통한 미각 교육을 실시하고 있어요. 생산자들과 소비자들을 연결하기 위한 **어스마켓**과 테라마드레 행사 그리고 새로운 미식 과학인 생태 미식 과학 전문가를 양성하는 미식과학대학을 운영하고 있습니다. 미식 과학대학은 음식과 사회·문화 사이에 어떤 관계가 있는지 연구하는 세계에서 유일한 대학이지요.

우리나라의 슬로푸드 운동

우리나라에는 2000년에 슬로푸드 운동이 처음 소개되었습니다. 개인 차원에서 슬로푸드 운동을 알리는 일이 진행되다가 2007년에 설립된 사단법인 슬로푸드 문화원이 발전의 구심점 역할을 해 왔어요. 슬로푸드 문화원은 연구와 교육, 국내외 행사 개최 등을 통해 슬로푸드 운동의 확산에 기여해 왔습니다. 2013년에는 아시아·오세아니아 지역의 슬로푸드 운동을 대변하는 아시오구스토(AsiO Gusto) 대회를 성황리에 개최했지요.

현재 우리나라에는 32개의 슬로푸드 지부가 활동하며 계속해서 지부가 늘어나고 있습니다. 2014년 5월 12일에는 국제슬로푸드 한국협회(Slow Food Korea)가 국가 협회로 설치되었어요. 전 세계에 국가 협회가 설치된 나라는 이탈리아, 영국, 독일, 네덜란드, 스위스, 미국, 일본, 한국까지 8개 나라뿐입니다. 우리나라는 슬로푸드 운동을 시작한 지 얼마 안 되었지만 짧은 기간에 국가 협회를 세웠고 아시오구스토와 같은 대표적인 국제슬로푸드 행사의 개최국이 되었지요.

우리나라 슬로푸드 운동의 과제

우리나라에서 슬로푸드 운동이 성공을 거두기 위해서는 앞으로 더욱 많은 노력이 필요합니다.

첫째, 빠른 생활 방식에 대한 성찰과 대안을 제시해야 합니다. 우리나라에서는 '빨리 빨리'라는 빠른 생활 방식이 일상화되어 규범이 되었지만 정작 그것에 대해 문제점이나 대안을 추구하는 움직임이 없었어요. 이러한 현실을 직시하고 빠른 생활 방식으로부터 벗어나기 위한 대안을 마련하는 데 역점을 두어야 합니다.

둘째, 우리가 잊어버린 슬로라이프의 가치 복원에 힘써야 합니다. 빠른 생활이 야기하는 부정적인 문제를 인식하고 보다 인간적인 삶의 향유가 가능한 슬로라이프의 확산에 힘써야 해요.

셋째, 우리나라의 농업을 살리는 방안을 제시해야 합니다. 슬로푸드 운동에서는 지역 농업, 지역 음식에서 농업의 희망과 가능성을 찾고 있어요. 지역에서 맛의 방주 품목을 찾아 등재하고 나아가 생산자를 지원하는 프로젝트로 연결해야 합니다. 또 소비자도 공동 생산자가 되어 농업 살리기에 동참해야 해요.

넷째, 우리나라 전통 음식의 가치를 재발견하고 자긍심을 갖는 데 힘써야 합니다. 슬로푸드 운동은 전통 음식의 가치를 발견하는 데 기여해

아프리카의 낙후된 산업을 발전시키기 위해서는 안정적으로 식량을 공급할 수 있도록 농업이 제 역할을 하는 것이 가장 중요하다.

기적의 사과

　일본의 평범한 농부였던 기무라 아키노리는 어느 날 생명 농법의 창시자 후쿠오카 마사노부의 《자연 농법》을 읽고 농약이나 비료를 전혀 사용하지 않은 사과를 키우기로 결심했다. 모두가 불가능하다고 생각했고 누구도 시도하지 않은 도전이었다.

　도전의 대가는 혹독했다. 밤낮으로 들끓는 해충과 씨름하고 누렇게 말라 죽어 가는 사과나무를 돌보아야 했다. 그는 가난 때문에 죽음의 문턱까지 갔을 때, '나무만 보고 흙은 보지 못했다'는 것을 깨닫고 드디어 불가능해 보였던 도전에 성공했다. 10여 년간 그가 키운 사과나무는 농약과 비료에 의존하지 않고 지금껏 우리가 먹어 보지 못했던 야생의 사과를 선물했다.

　기무라 아키노리가 개발한 기적의 사과는 2006년 12월 일본 NHK에 소개되었고, "단 한 번만이라도 기무라 씨의 사과를 먹어 보고 싶어요.", "기무라 씨에게 편지를 보내고 싶어요."라고 하는 7백여 통의 편지가 방송국에 폭주했다. 기적의 사과는 지금도 온라인에서 3분 만에 품절되고 있으며, 이 사과를 먹으려면 1년을 기다려야 한다. 그는 여전히 시골에서 소박하게 살아가며 자신의 자연 농법을 알리는 나눔을 실천하고 있다.

야 합니다. 우리나라 전통 음식의 중요성 및 그 가치를 높게 평가함으로써 우리나라 사람들이 자긍심을 갖고 전통 음식을 지키도록 이끌어야 합니다.

　다섯째, 현대의 음식에 대해 문제를 제기하고 미래의 식생활이 나아갈 방향을 제시해야 합니다. 사람들에게 농업과 먹을거리의 현실에 문제가 많다는 것을 알리는 데 힘을 기울여야 해요. 또한 개인의 건강, 환경, 지구 생태 등을 고려한 더 온전한 음식을 제시해야 합니다.

여섯째, 청년들에게 관심을 기울여야 합니다. 국제적으로나 국내적으로나 슬로푸드 운동이 성공하기 위해서는 젊은 세대가 많이 참여해야 해요. 우리나라의 젊은이들이 슬로푸드 운동에 동참할 수 있도록 젊은이들을 위한 프로그램을 만들어야 합니다.

대안 농업과 우리의 미래

지금까지 우리는 산업형 농업의 발전과 한계 그리고 대안으로 주목받고 있는 지역 농업이나 슬로푸드 운동 등에 대해 알아보았어요. 효율적이면서 식량을 대량으로 생산할 수 있게 해 준 산업형 농업 방식이 풍족한 식생활을 즐길 수 있도록 해 준 것은 사실입니다. 그래서 아직도 산업형 농업이 미래 농업의 정답이자 유일한 대안이라고 주장하는 사람들도 있지요.

그러나 그러한 방식은 이제 한계에 접어들었다고 할 수 있습니다. 지나치게 효율만을 추구하는 산업형 농업은 환경을 오염시켰어요. 화석 연료처럼 산업형 농업에 필요한 자원 역시 점차 고갈되고 있지요. 산업형 농업의 결과 농업 생산량은 늘어났지만 정작 농민들은 가난에서 벗어나지 못했고, 이제는 소비자들의 건강도 위협받고 있습니다. 사람들은 점차 효율성이 우리의 미래를 보장하지 못한다는 사실을 깨닫고 있지요.

여러분은 현재에 만족하고 계신가요? 더 늦기 전에 소비자와 농민이 서로 힘을 합쳐 지속가능한 농업을 추구할 때입니다.

- 산업형 농업의 부작용과 지구 온난화로 인해 식량의 안정적인 생산이 위협받고 있다.
- 지속가능한 농업의 확산을 위해서는 소비자들이 농민과 농업에 관심을 갖고 음식 시민이 되어야 한다.
- 로컬푸드, 슬로푸드 운동 등을 통해 우리 먹거리에 대한 인식을 바꾸고 건강하고 안전한 식생활을 찾아야 한다.
- 한국에서 슬로푸드 운동이 성공하기 위해서는 '빨리 빨리'와 같은 사고방식을 바꾸고 전통 음식의 가치를 되새겨야 한다.

용어 설명

지속가능한 농업 토양을 물리적, 화학적으로 오염시키지 않고 농작물을 기르는 농법이다. 과도한 농약이나 비료 사용을 자제하여 생태계의 파괴를 막는 친환경 농업과 유기 농업 등을 예로 들 수 있다.

세계무역기구 국제 무역을 확대시키고 회원국 간의 무역 분쟁을 해결하기 위해 설립된 국제기구다. 흔히 WTO(World Trade Organization)라고 부르는 이 기구는 세계 교역 및 통상 무역의 질서를 바로잡는 역할을 하고 있다.

자유무역협정 국가 간의 자유로운 무역을 목적으로 관세 등 무역 장벽을 완화하거나 제거하는 국제협정이다. 흔히 FTA(Free Trade Agreement)라고 부르며 우후죽순으로 체결되는 협정에 대한 찬반론이 거세게 대립하고 있다.

가족농 기업농에 대비되는 개념으로 가족 공동체 안에서 이루어지는 농업을 뜻한다. 대개 상속을 통해 세대에서 다음 세대로 농업을 이어 나간다. 오늘날 전 세계 농산물 생산량의 75퍼센트를 가족농이 생산한다.

곡물 메이저 전 세계에 위치한 곡물 생산지와 지점망을 통해 국제적으로 곡물을 유통하는 다국적 기업을 뜻한다. 곡물 메이저들은 거대한 독점력으로 미국 정부의 농업 정책에도 엄청난 영향력을 행사하는 것으로 알려져 있다

단작 재배 대규모 농토에서 장기간에 걸쳐 한 가지 종류의 농산물을 생산하는 농업 방식을 말한다. 파종, 해충 관리, 수확 작업을 더 효율성 있게 할 수 있어 산업형 농업이 확산되면서 많이 도입되었다.

인클로저 운동 15세기 중엽부터 영국의 지주들은 공유지에 울타리를 치고 땅을 사유화하기 시작한다. 이로 인해 농민들은 마을 공동의 농토에서 농사를 짓지 못하게 되는데, 이 같은 것을 인클로저 운동이라고 한다.

집약적 농업 좁은 토지 면적에 더 많은 자본과 비료, 농약을 투여해 생산성을 극대화하는 농업 방식이다. 산업형 농업에서 많이 사

용되는 농법이지만 환경 파괴 등 여러 가지 문제점을 낳는다.

녹색 혁명 미국 포드 재단과 록펠러 재단이 추진한 대규모 식량 증산 프로젝트를 말한다. 다수확 품종, 새로운 농약, 더 발전된 관개 시설을 마련하여 개발 도상국의 식량 증산에 큰 기여를 했다.

포드재단 포드 자동차의 경영주인 헨리 포드가 1936년 설립한 재단으로 교육, 인권, 민주화, 예술, 제삼 세계 등의 개발 지원 등을 목적으로 한다. 헨리 포드의 사망 후 그가 보유하고 있던 주식 일부가 재단에 상속되면서 오늘날의 규모를 갖추게 되었다.

록펠러재단 미국의 석유왕 존 록펠러가 1913년 설립한 재단으로 자연 과학, 사회학 등 넓은 분야에 걸친 다양한 연구에 도움을 주고 있다. 의학, 생물학, 농학 분야에 중점을 두고 연구비를 지원하기도 하며, 재단이 직접 관리하는 농업 연구소도 존재한다.

세계은행 국제연합 산하의 금융 기관으로 IMF, WTO와 함께 세계 3대 국제 경제 기구로 꼽힌다. 회원국들의 출자, 또는 채권 발행 등으로 어려움에 처한 개발 도상국을 지원하는 역할을 한다.

서브프라임 모기지 사태 2000년대 미국에서 일어난 대규모 금융 위기 사태. 2000년대 들어 미국에서는 집값이 상승하기 시작했고, 이에 은행들은 신용 등급이 낮은 저소득층에게 주택담보대출을 통해 돈을 빌려주었다. 그러나 집값이 하락세로 돌아섰고 은행들이 일제히 금리를 올리기 시작했다. 그러자 저소득층 사람들이 원금을 갚지 못하고 파산했으며, 이 같은 파산이 이어지자 세계 경제는 큰 타격을 입었다.

농업 혁명 1750년 영국에서 일어난 농업 운동을 말한다. 이때부터 농업 생산성 증대를 목적으로 더 효율적인 농업 방식을 채택하기 시작했으며 실제로 농산물 생산량이 늘어났다. 늘어난 농산물 생산량 덕분에 공업 등 다른 산업 분야가 발전할 수 있었으며, 이것이 훗날 산업 혁명의 바탕이 되었다.

동물 복지 인간이 동물에게 주는 고통이나 스트레스를 최소화하고 동물의 행복을 실현하는 것을 말한다. 공장식 축산업 등 동물을 비위생적인 환경에서 올바르지 못한 방법으로 기르는 일이 늘어나면서 대두된 개념이다.

생물 다양성 생태계에 존재하는 생물들의 각기 다른 특성과 종류를 가리키는 개념이다. 현재 인간의 경제, 사회 활동과 기후 변화 등에 의해 생물 다양성이 무너지고 있으며 그 결과 생태계가 심각하게 파괴되었다.

조류독감 닭, 오리, 야생 조류가 조류인플루엔자 바이러스(Avian Influenza Virus)에 감염되어 발생하는 급성 바이러스성 전염병이다. 드물게 사람에게도 감염증을 일으킨다.

살처분 가축의 법정 전염병 중 특히 심한 전염성 질병을 막기 위해 실시하는 예방법의 일종으로 감염 동물 및 접촉한 동물, 동일 축사의 동물 등을 죽이는 것을 말한다.

메탄가스 각종 유기 물질이 분해되면서 나오는 기체로 미생물에 의해 동식물이 부패하면서 만들어진다. 생물체에 의해 만들어지는 가스이므로 바이오 가스라 부르기도 한다. 쓰레기 매립장에서도 발생한다.

어스마켓 깨끗하고, 안전하며, 공정하게 거래되는 식품을 취급하는 농민 장터다. 슬로푸드 운동의 철학을 잇는 이 장터는 산업형 농업의 시대에 단절된 생산자와 소비자의 관계를 연결하는 역할을 한다. 또한 음식을 통해 지역 주민들이 만나서 소통할 수 있는 공간으로 기능하기도 한다.

OECD 흔히 경제협력개발기구(Organization for Economic Cooperation and Development)라고 부른다. 가입국들의 사회 경제적 발전을 공동으로 모색하고, 더 나아가 세계 경제 문제에 공동으로 대응하기 위한 국가 간 정책 협력 기구다.

연표

10,000년 전	인류 역사에서 최초로 농업이 시작되었다.
8,000년 전	수렵 및 채집 중심의 사회에서 농경 중심의 사회로 사회 구조가 바뀌었다.
18세기 중엽	영국에서 산업 혁명이 시작되었다.
1924년	루돌프 스타이너가 생명 역동 농법을 발표하여 유기 농업의 중요성을 알렸다.
1940년	알버트 하워드가 《농업 성서》를 통해서 퇴비 만들기와 윤작을 장려하였다.
1972년	국제유기농업운동연맹(IFOAM)이 창설되어 유기 농업이 확산되었다.
1983년	농업에서 유전자 조작이 처음으로 시도되었다.
1986년	이탈리아에서 슬로푸드 운동이 시작되었다.
1989년	파리에서 슬로푸드 선언문이 발표되었다.
1993년	우루과이 라운드가 타결되어 농산물 시장이 국제화되었다.

1996년	야외 경작지에서 상업적 목적의 유전자 조작 작물이 재배되기 시작하였다.
2000년	한국에 슬로푸드 운동이 처음으로 소개되었다.
2001년	맥도날드의 계란 공급자들을 대상으로 동물 복지 평가가 시행되었다.
2003년	맥도날드가 동물 성장 촉진 항생제를 투여해 기른 고기류의 사용을 단계적으로 폐지하기로 결정했다.
2004년	이탈리아 토리노에서 먹을거리 공동체 간 네트워크를 강화하고 그 힘을 보여 주는 행사인 테라마드레 행사를 처음 시작했다.
2005년	일본 내각 회의에서 '식료 · 농업 · 농촌기본계획'을 결의했다.
2007년	한국에서 사단법인 슬로푸드 문화원이 설립되었다.
2008년	서브프라임 모기지론 사태가 발생하여 원유 가격이 폭등하고 이로 인해 식량 가격이 상승했다.
2010년	슬로푸드 국제협회 카를로 페트리니 회장이 방한했다.
2011년	농장에서 키우는 동물의 복지 향상을 위해 한국의 동물보호법이 전면 개정되었다.

2013년	아시아·오세아니아 지역의 슬로푸드 운동을 대변하는 아시오구스토 대회가 개최되었다.
2014년	슬로푸드 생물 다양성 재단에서 한국의 식재료 중 맛의 방주 28가지와 프레시디아 4가지를 공식적으로 인증했고 국제슬로푸드 한국협회가 국가 협회로 창립되었다.

더 알아보기

국제유기농업운동연맹 ifoam.com

116개국 850여 단체가 가입한 세계 최대 규모의 유기 농업 운동 단체이다.
유기 농업의 원리에 바탕을 둔 생태적 · 사회적 · 경제적 유기 농업의 실천
을 지향하며 3년에 한 번씩 세계유기농대회를 개최한다.

슬로푸드국제협회 slowfood.com

대량 생산 · 규격화 · 산업화 · 기계화를 통한 맛의 표준화를 지양하고 나라
별 · 지역별 특성에 맞는 전통적이고 다양한 음식 · 식생활 문화를 계승하
여 발전시킬 목적으로 창립되었다.

슬로푸드문화원 slowfoodkorea.kr

2007년 12월 7일 설립된 대한민국 농림수산식품부 소관의 사단법인이다. 농업
인들이 자부심을 갖고 영농에 전념할 수 있도록 하며 소비자들이 단순한 음식
소비자가 아닌 공동 생산자가 되는 데 기여함으로써 궁극적으로 행복하고 건강
한 사회를 실현하는 것을 목적으로 한다. 한국에서 슬로푸드 운동의 확산에 기
여해 왔고, 국제슬로푸드한국협회(slowfood.co.kr) 출범의 모태가 됐다.

환경농업단체연합회 www.kfsao.org

1994년 11월 9일에 전국의 유기 농업 관련 생산자와 소비자 단체 11개가 모여
서 설립한 단체이다. 친환경 농산물의 생산 및 소비 기반 확대, 지속가능한 유
기 농업 발전, 국민 건강 증진, 환경 보전을 목적으로 활동한다.

찾아보기

내인생의책은 한 권의 책을 만들 때마다
우리 아이들이 나중에 자라 이 책이 '내 인생의 책'이라고 말할 수 있는 책을 만들고자
합니다.

세상에 대하여 우리가 더 잘 알아야 할 교양

40 산업형 농업 식량 문제의 해결책이 될까?

김종덕 글

초판 발행일 2015년 2월 5일 | 제3쇄 발행일 2023년 9월 18일
펴낸이 조기룡 | 펴낸곳 내인생의책 | 등록번호 제10-2315호
주소 서울시 서초구 나루터로 70, 엠피스센터 212-1호(잠원동, 영서빌딩)
전화 (02)335-0449, 335-0445(편집) | 팩스 (02)6499-1165
전자우편 bookinmylife@naver.com | 카페 http://cafe.naver.com/thebookinmylife
편집장 이은아 | 편집1팀 조정우 이다겸 이지연 김예지 | 편집2팀 박호진 이동원
디자인 안나영 김지혜 | 경영지원 김지연 | 마케팅 박준수

ISBN 979-11-5723-137-9 44300
ISBN 978-89-97980-77-2 44300(세트)

이 도서의 국립중앙도서관 출판시도서목록(CIP)은 e-CIP 홈페이지(http://www.ml.go.kr/ecip)에서
이용하실 수 있습니다.
(CIP제어번호: 2014036397)

디베이트 월드 이슈 시리즈

세상에 대하여 우리가 더 잘 알아야 할 교양

전국사회교사모임 선생님들이 번역한 신개념 아동·청소년 인문교양서!

《디베이트 월드 이슈 시리즈 세더잘》은 우리 아이들에게 편견에 둘러싸인 세계 흐름에서 벗어나 보다 더 적확한 정보와 지식을 제공합니다. 모두가 'A는 B이다.'라고 믿는 사실이, 'A는 B만이 아니라, C나 D일 수도 있다.' 라는 것을 알려 주면서 아이들이 또 다른 진실을 발견하도록 안내합니다.

★ 전국사회교사모임 추천도서 ★ 문화체육관광부 우수교양도서 ★ 한국간행물윤리위원회 청소년 권장도서 ★ 서울시교육청 추천도서
★ 보건복지부 우수건강도서 ★ 아침독서 추천도서 ★ 대교눈높이창의독서 선정도서 ★ 학교도서관저널 추천도서

① 공정무역 ② 테러 ③ 중국 ④ 이주 ⑤ 비만 ⑥ 자본주의 ⑦ 에너지 위기 ⑧ 미디어의 힘 ⑨ 자연재해 ⑩ 성형 수술 ⑪ 사형제도 ⑫ 군사 개입 ⑬ 동물실험 ⑭ 관광산업 ⑮ 인권 ⑯ 소셜 네트워크 ⑰ 프라이버시와 감시 ⑱ 낙태 ⑲ 유전공학 ⑳ 피임 ㉑ 안락사 ㉒ 줄기세포 ㉓ 국가 정보 공개 ㉔ 국제 관계 ㉕ 적정기술 ㉖ 엔터테인먼트 산업 ㉗ 음식문맹 ㉘ 정치 제도 ㉙ 리더 ㉚ 맞춤아기 ㉛ 투표와 선거 ㉜ 광고 ㉝ 해양석유시추 ㉞ 사이버 폭력 ㉟ 폭력 범죄 ㊱ 스포츠 자본 ㊲ 스포츠 윤리 ㊳ 슈퍼박테리아 ㊴ 기아

세상에 대하여 우리가 더잘 알아야 할 교양

세더잘 8
미디어의 힘
견제해야 할까?

데이비드 애보트 글 | 이윤진 옮김
안광복 추천

세더잘 7
에너지 위기
어디까지 왔나?

이완 맥레쉬 글 | 박미용 옮김

세더잘 6
자본주의
왜 변할까?

데이비드 다우닝 글 | 김영배 옮김
전국사회교사모임 감수

세더잘 5
비만
왜 사회 문제가 될까?

콜린 핀슨 김종덕 글
전국사회교사모임 옮김

세더잘 4
이주
왜 고국을 떠날까?

루스 윌슨 글 | 전국사회교사모임 옮김
설동훈 감수

세더잘 3
중국
초강대국이 될까?

안토니 메이슨 글
전국사회교사모임 옮김 | 백승도 감수

세더잘 2
테러
왜 일어날까?

헬렌 도노호 글 | 전국사회교사모임 옮김
구춘권 감수

세더잘 1
공정무역
왜 필요할까?

아드리안 쿠퍼 글
전국사회교사모임 옮김 | 박창순 감수

※ 디베이트 월드 이슈 시리즈 **세더잘**은 계속 출간됩니다.

친구처럼 말을 건네는 살아 있는 지식!

청소년 지식수다는 시사적인 이슈를 사회, 과학, 경제, 문화적 관점에서 들여다보며 세상을 해석하는 나만의 시각을 길러 줍니다.

④ 언어가 사라지면 인류는 어떻게 될까?

신비한 언어의 세계를 인류학적으로 풀어내다! 초기 언어의 발생부터 인터넷 용어의 탄생까지 언어에 관한 모든 것을 53개의 키워드로 알기 쉽게 설명한다. 언어의 사회정치적 기능을 수다 떨듯 재미있게 알려주는 청소년 교양서.

실비 보시에 글 | 안느 루케트 그림 | 이기용 감수 | 배형은 옮김

청소년 지식수다는 계속 출간됩니다.

① 원자력이 아니면 촛불을 켜야 할까?

원자력에 관한 궁금증을 수다로 풀다! 원자력 발전의 원리에서 원자력 산업에 얽힌 사회, 정치, 경제적 이슈까지 이야기한다. 후쿠시마, 체르노빌, 핵분열, 냉각수 등 52개 키워드로 알아보는 원자력에 대한 모든 것.

장바티스트 드 파나피외 글 | 췰리앙 르브뉘 그림 | 곽영직 감수 | 배형은 옮김

② 신문, 읽을까 클릭할까?

현직 기자가 직접 들려주는 신문과 기자에 대한 모든 것! 기자가 공짜로 받는 선물의 진실, 미국 대통령을 사임하게 만든 용감하고 끈질긴 두 기자, 최초의 무가지 등 어디서도 들을 수 없었던 흥미로운 이야기를 50개 키워드로 풀어낸다.

마리용 기요 글 | 니콜라 와일드 그림 | 김민하 감수 | 이은정 옮김

아는 만큼 건강해지는 성
③ 청소년 빨간 인문학

사춘기, 인문학적 통찰을 통해 내 몸과 마음을 만나다! 사춘기 청소년의 몸과 마음의 변화를 균형 있게 다루어 성에 대한 올바른 가치관을 심어준다. 내 몸의 주인은 나라는 선언을 통해 청소년의 고민을 쾌쾌하게 해결해 주는 책.

키라 버몬드 글 | 박현이 감수 | 정용숙 옮김